AU CŒUR DE L'ESPOIR

ÉRIC CHEYSSON
avec MICHEL FAURE

*To Molly
cette aventure*

AU CŒUR DE L'ESPOIR

*pour ma voisine et
amie de St Luke's hood

Michel*

ROBERT LAFFONT

© Éditions Robert Laffont, S.A., Paris, 2012
ISBN 978-2-221-11552-7

*Pour les mères afghanes
et leurs enfants*

« Moi, avant tout, c'est la gaieté qui m'en impose. »

Nicolas Bouvier,
L'Usage du monde

Prologue

> « L'un des pays les plus malheureux du monde. »
>
> Alberti Cairo,
> orthopédiste italien à Kaboul[1]

Janvier 1979

Une vieille Renault 5, pot d'échappement défaillant et phares jaunes mal réglés, traverse un calme paysage de Normandie en direction de Paris. C'est un soir d'hiver et la R5 est la voiture de mon copain Patrick Laburthe, un intello à lunettes doté d'une calvitie précoce qui conduit avec témérité sa petite auto aux vitres embuées. Ensemble coopérants à Beja, en Tunisie, nous nous sommes retrouvés en première année d'internat de chirurgie au CHU de Rouen. À côté de lui se trouve Jean-Claude Stree, anesthésiste au Havre, à l'origine de ce voyage à

---

[1]. Cité dans « Les Héros pacifiques de Kaboul », reportage de Remy Ourdan, *Le Monde*, 2 juin 2009.

Paris. De dix ans notre aîné, il nous a proposé de l'accompagner dans la capitale pour assister à une réunion de Médecins sans frontières

— Vous allez voir, dit Stree, il y a un type extraordinaire à MSF, Bernard Kouchner.

Ce nom me dit quelque chose.

— Celui du Biafra ?

— Lui-même, répond Stree. Des gens comme lui, on n'en croise pas tous les jours.

Les images de bébés du Biafra affamés, les ventres ballonnés, me reviennent en mémoire, de même que ce jeune médecin français, Kouchner, qui s'était révolté contre la neutralité de la Croix-Rouge, pour laquelle il travaillait alors, dans cet inégal conflit qui, au Nigeria, virait au génocide. Il avait écrit un article dans *Le Nouvel Observateur*, accusant la gauche d'avoir fermé les yeux sur « le plus grand massacre de l'histoire moderne après celui des Juifs ».

La nuit est tombée quand nous arrivons rue Daviel, dans le XIIIe arrondissement de Paris, où se situe le siège de MSF. Je me souviens d'une grande verrière et d'un escalier de fer en colimaçon débouchant sur une vaste pièce remplie de gens que je ne connais pas. Tout le monde s'engueule, c'est une empoignade infernale : Bernard Kouchner veut affréter un bateau pour le Vietnam qui embarquerait non seulement des médecins pour soigner les victimes, mais aussi des journalistes afin de témoigner des violations des droits de l'homme dont sont victimes tous ceux qui, en mer de Chine, fuient à bord d'embarcations le nouveau Vietnam réunifié sous la tutelle des troupes communistes. Pour Kouchner l'insurgé, qui avait fondé MSF dans la foulée du Biafra, dénoncer les bourreaux est aussi essentiel que de soigner leurs victimes. Mais il est difficile, quand on appartient à la gauche, après avoir chanté pendant des années « Yankees go home », d'admettre que s'installe une dictature après la victoire du Nord. Des gens insultent Kouchner, hurlent que le navire qu'il veut affréter ne devrait pas s'appeler « un bateau pour le Vietnam » mais « un bateau pour Saint-Germain-des-Prés » tant son projet leur semble médiatique. Outré, Bernard Kouchner se lève.

— Vous êtes des bureaucrates de la charité, lance-t-il à ses détracteurs.

Sous les huées, il quitte la salle, suivi d'un grand type aux cheveux coupés au bol, de vieilles baskets aux pieds. J'apprendrai qu'il s'agit d'un « nouveau philosophe », André Glucksmann. Une seconde plus tard, Stree et Laburthe se lèvent aussi, et moi, choqué comme eux par la violence des invectives contre Kouchner dont j'ai aimé l'attitude et l'indignation, je suis mes copains. Je n'ai jamais regretté un seul instant ce moment fugitif, irréfléchi, instinctif. Il va changer ma vie.

On se retrouve dans un bistrot minable, assis autour de Kouchner qui déclare avec solennité et détermination, tapant du plat de la main sur la table : « On va le faire, ce bateau ! » Soudain, me regardant droit dans les yeux, il me demande :

— Qu'est-ce que tu fais, toi ?

Intimidé, je balbutie :

— Eh bien, je suis chirurgien...

En fait, je n'avais encore jamais opéré de ma vie.

— Voilà, s'exclame Kouchner, ravi. On a un chirurgien !

Je tente de rectifier...

— Enfin, pas vraiment, je suis interne en chirurgie.

— Ah ! Ne complique pas tout ! me répond-il.

Sans l'avoir voulu ni pressenti, je viens d'assister au prélude de la scission de Médecins sans frontières, qui aura lieu officiellement en juin 1979, et les circonstances de cette soirée – ce débat animé, cette passion, cette volonté – préfigurent ce que sera très vite Médecins du Monde, fondé en mars 1980. Stree a raison : Kouchner est extraordinaire. Son énergie, ce projet de bateau en mer de Chine, bateau qui s'appellera *L'Île de Lumière* et sur lequel j'embarquerai bientôt, tout cela me fascine. Durant cette nuit agitée, dans ce troquet sans âme, mon univers s'élargit, ma vie bascule : je découvre un monde inconnu, militant et querelleur, exaltant et généreux, qui m'attire irrésistiblement. J'avoue ne pas avoir été programmé pour ça. En choisissant la médecine, mon destin, selon ma famille, était tout tracé : chirurgien d'une clinique de province, notable tranquille, sans doute riche, en apparence heureux. Ce soir-là, rue Daviel, une autre voie s'impose, je prends un tournant radical et imprévu.

**
* **

Kouchner va le faire, son bateau. Avec l'argent de quelques généreux donateurs, il part le chercher, d'abord au Havre, puis à Marseille, et finalement le trouve en Nouvelle-Calédonie, la terre française la plus proche de l'Asie. À Nouméa, il choisit un beau caboteur blanc de 85 mètres de long, construit aux Pays-Bas en 1962, qu'il faut transformer et équiper en navire-hôpital. Ce sera fait entre Nouméa et Singapour où Patrick et moi rejoignons Kouchner en avril 1979.

Nous levons l'ancre le 17 avril à 18 heures avec, pour commandant, un marin barbu sosie du Capitaine Haddock. C'est le début de l'aventure de *L'Île de Lumière* qui met le cap sur Poulo-Bidong, en Malaisie, un îlot d'un kilomètre carré sur lequel s'entassent quarante mille réfugiés vietnamiens. J'ai vingt-huit ans, alors, et le souvenir de cette désolation au milieu de l'océan reste encore aujourd'hui gravé dans ma mémoire. Je découvre un univers jusqu'alors inconnu. La souffrance de ces gens qui ont fui le communisme, abandonnant leurs familles, affrontant des risques insensés en mer de Chine et la violence des pirates, bouleverse ma compréhension du monde. À bord de *L'Île de Lumière*, nous opérons des blessures horribles faites à coups de machette ou de marteau. Dès l'arrivée sur cet îlot infernal, j'ai l'impression de devenir un autre homme, un sentiment exaltant.

Retrouver Rouen et son CHU ne sera pas facile : à mon retour, mon patron me traite d'« aventurier gauchiste ». Je vais souvent à Paris voir mes nouveaux copains du comité « Un bateau pour le Vietnam ». Je ne quitte plus Patrick Laburthe, mon ami, l'intello soixante-huitard qui me pousse à lire *Le Monde, Libération*, me fait découvrir Céline et me présente ses proches. Ainsi, le provincial timide que je suis rencontre un jour Yves Montand. Il me tutoie tandis que je le regarde avec des yeux ronds comme des soucoupes.

* *

Au début du mois de mars 1980, Kouchner nous réunit dans le vieil amphithéâtre de l'hôpital Broussais, à Paris, une salle ancienne lambrissée de bois sombre dont l'estrade semble posée au fond d'une fosse tant est forte l'inclinaison des gradins. C'est un lieu chargé d'histoire, dans un établissement – nommé, jadis, l'hôpital des mariniers – théâtre d'avancées chirurgicales majeures, comme la première greffe rénale, la première opération à cœur ouvert, la première bioprothèse. C'est là que de grands professeurs ont marqué leur époque – Charles Dubost, Paul Milliez, Alain Carpentier.

Ce jour-là, dans ce lieu émouvant, je rencontre Alain Deloche, de dix ans mon aîné, un chirurgien cardiaque déjà renommé. Il a été lui aussi de

PROLOGUE

l'aventure de *L'Île de Lumière* lors d'une autre mission. Entre nous, la sympathie est immédiate. Au fil du temps, il deviendra mon ami le plus cher, l'homme qui, avec Kouchner, influencera le plus ma vie. Ensemble, en 1988, nous fonderons l'association La Chaîne de l'Espoir qui recrute en France des familles d'accueil pour les enfants de pays pauvres nécessitant une intervention chirurgicale impossible à réaliser chez eux. Assez vite, l'idée s'impose qu'il est plus productif et prometteur de créer des hôpitaux sur place et de former des chirurgiens locaux. Ainsi vont naître un centre de chirurgie cardiaque à Hô Chi Minh-Ville, au Vietnam ; l'institut du cœur de Maputo, au Mozambique ; le centre cardio-vasculaire de Phnom-Penh, au Cambodge et, enfin, l'hôpital pédiatrique de Kaboul, en Afghanistan, inauguré en 2006.

Deux actes de naissance s'écrivent donc le même jour dans ce vieil amphithéâtre : celui de Médecins du Monde et celui d'une longue amitié.

Le 24 décembre 1979, les troupes soviétiques envahissent l'Afghanistan où elles resteront dix ans. En mars 1980, le soir même de la création de Médecins du Monde, nous décidons d'envoyer une mission d'exploration dans ce pays. Vladam Radoman, un anesthésiste d'origine yougoslave qui a travaillé avec Kouchner au Biafra, Patrick Laburthe et moi sommes candidats. L'association n'a alors pas un sou, pas de logo, pas même de bureau, chacun doit participer au paiement du voyage, à lui seul toute une aventure : un vol de l'Aeroflot nous emmène de Paris à Moscou, un autre de Moscou à Karachi. De Karachi, au sud du Pakistan, au bord de l'océan Indien, nous devons rejoindre Peshawar, au nord-ouest, un trajet de quarante-huit heures à bord d'un vieux train aux volets de bois, des centaines de personnes accrochées sur le toit des wagons. À chaque arrêt, des vendeurs ambulants assiègent les voyageurs, leur proposant thé, sodas de couleurs explosives, petits pains chauds, fruits, sandales en plastique, mouchoirs, piles électriques... Un périple long et difficile au cours duquel un jeune garçon sera heurté par le train. Entourés de centaines de badauds qui se bousculent pour voir le « spectacle » et que tentent de garder à distance les employés du train, il nous faudra l'amputer d'une jambe, sur le bord de la voie, après une anesthésie réalisée par Vladam. Ce fut un drame et une épreuve, mais cet adolescent, grâce à notre intervention, restera en vie.

Nous arrivons enfin à Peshawar, épuisés et poussiéreux. En cette fin d'hiver, le froid est encore vif sous un grand ciel bleu. Nous sommes au pied du célèbre Khyber Pass – ce « coup de sabre dans les montagnes » qu'a décrit Rudyard Kipling – reliant le sous-continent indien à l'Asie centrale. Peshawar est une ville-frontière laide et bétonnée, à l'exception de son quartier ancien, mais grouillante de monde, la cité pakistanaise la plus proche de

PROLOGUE

Kaboul, et c'est là que se trouvent la plupart des camps de réfugiés afghans, d'immenses et précaires bidonvilles aux portes de la cité. Dans leurs ruelles de terre battue, des enfants jouent sous l'œil de vieillards silencieux, assis le dos aux murs sur de petits tapis posés à même le sol.

En lisant *Le Monde*, à Paris, j'avais trouvé les noms des deux principaux groupes de moudjahidines organisés au sein des camps, et les avais notés sur un bout de papier : le Jamiat-e Islami (la Société islamique, à laquelle est affilié un certain commandant Ahmad Shah Massoud dont nous n'avons encore jamais entendu parler) et le Hezb-e Islami (le Parti de l'Islam, rassemblant des Pachtounes, l'ethnie qui domine le sud et l'est de l'Afghanistan, et déborde largement la frontière avec le Pakistan). Rentrer en contact avec eux est difficile. Les gens que nous abordons ne parlent pas – ou très mal – l'anglais. Le nôtre, il faut bien l'avouer, n'est pas terrible non plus. Alors qu'une foule de jeunes garçons s'agglutine autour de nous, c'est vers un groupe de vieux barbus que je me dirige, je les salue, la main droite posée sur mon cœur, et leur montre mon papier, soulignant du doigt le nom du premier groupe.

— Jamiat-e Islami ?

Mon accent, sans doute, est épouvantable.

Sans même jeter un regard au papier, les vieux répondent à mon salut et une discussion s'engage qui s'éteint après le court monologue de l'un d'eux sur un ton sans aménité. Tous nous regardent en silence puis détournent les yeux. Ils se désintéressent de notre affaire. Les jeunes garçons, eux, continuent à se bousculer pour regarder le papier, se chamaillent puis rigolent et se tapent sur les épaules.

— *Yes, Mister,* me dit l'un d'eux avec un grand sourire.

— *Yes ?*

Mon espoir grandit.

— *Yes, Mister,* répètent les garçons en riant. Mais personne ne bouge et les vieux se taisent.

Aurais-je plus de chance avec l'autre groupe de combattants au nom encore plus difficile à prononcer ?

— Hezb-e Islami ?

Les garçons se bousculent à nouveau autour de nous, l'un d'eux tente de m'arracher le papier des mains, sans doute pour le déchiffrer alors qu'il est écrit en alphabet occidental. Je vois des têtes bouger dans tous les sens sans pouvoir deviner si ces enfants me comprennent. Je me frappe la poitrine du plat de la main, puis désigne Patrick et Vladam et répète à plusieurs reprises : « French doctors. » Les garçons nous observent, regard interrogateur et sourire incertain.

— *Yes, Mister.*

— *French doctors ? Do you understand ?*

— *Yes, Mister.*

Ils rient à nouveau puis partent en courant.

PROLOGUE

Nous rentrons à l'hôtel en fin d'après-midi pour découvrir que nous aurions pu nous épargner tous ces efforts dans les ruelles des camps. Manifestement, les salons du rez-de-chaussée de cet établissement sont des lieux privilégiés pour les rencontres entre moudjahidines et Occidentaux. Baptisé Dean's en hommage à un ancien gouverneur britannique, notre hôtel est un vieux bâtiment colonial déglingué posé au centre d'un jardin à l'abandon, très apprécié des journalistes, marchands d'armes et espions en tous genres qui en ont fait leur quartier général. Tous discutent à mi-voix avec des barbus enturbannés en buvant du thé noir. C'est dans cet hôtel que le lendemain nous rencontrerons trois Afghans majestueux dont l'un parle un anglais parfait.

— Que faites-vous à Peshawar ? nous demande-t-il.

— Nous sommes des médecins français venus aider les moudjahidines afghans malades ou blessés au cours de combats avec les Soviétiques.

Le sourire aux lèvres, ils nous souhaitent la bienvenue. Après un bref échange entre eux, le combattant anglophone, un grand type maigre, barbe poivre et sel, regard sombre et beau turban gris, nous explique qu'ils font partie d'un clan familial dirigé par un chef pachtoune nommé Isaq Gilani qui a pris les armes contre les Soviétiques. Ils viennent de la région de Zaboul, non loin de la frontière avec les zones tribales du Pakistan.

— Nous manquons de médecins, nous dit l'anglophone. Votre aide sera la bienvenue. Nous reviendrons vous voir demain.

Ils partent, drapant leurs épaules de leur large *patou*, ce grand châle épais comme une couverture pour affronter l'hiver. Vladam, Patrick et moi sentons l'émotion nous envahir. Demain sans doute, c'est le grand saut, nous allons passer « de l'autre côté », selon l'expression des habitués du Dean's pour désigner l'Afghanistan. Aussi angoissés qu'excités, nous savons que quelque chose d'extraordinaire mais aussi de dangereux nous attend. Je pense à la mort, bien sûr, comme les soldats avant le combat, mais comme eux aussi je me sens prêt, plein d'adrénaline et de désir d'action.

Le lendemain, personne ne vient nous chercher. Ni le surlendemain. Trois jours plus tard nous attendons toujours, de plus en plus désemparés.

— Soyez patients, nous conseille un journaliste anglais qui ne décolle jamais du bar du Dean's. Vous savez, ici, le temps, c'est comme un élastique.

Le quatrième jour, apparaît enfin le Pachtoune au beau turban gris. Mauvaise nouvelle : la neige dans les montagnes rend notre passage en Afghanistan impossible.

— Revenez en été, nous dit-il.

En juillet, nous sommes donc de retour. Vladam n'ayant pu nous accompagner, seuls Patrick et moi avons refait ce long voyage de Paris à Peshawar. De nouveau, nous descendons au Dean's et, assis sous des ventilateurs qui donnent l'illusion d'un peu de fraîcheur dans la fournaise estivale, nous nous demandons comment retrouver ces types du clan des Gilani. C'est alors qu'apparaît, comme au cinéma, l'anglophone au turban gris dans le hall de l'hôtel.

— On m'a annoncé votre arrivée, nous dit-il sans plus de précisions. Tenez-vous prêts. Dans deux ou trois jours, des gens viendront vous chercher.

Le surlendemain, deux barbus taciturnes arrivent, des vêtements sous le bras pour remplacer nos tenues occidentales. Nous voici vêtus de larges pantalons recouverts d'une chemise beige – des *shalwar kameez* –, d'un vieux patou jeté sur les épaules, et coiffés d'une calotte de coton beige. D'abord amusés, nous comprenons vite qu'avec ces habits – très adaptés à la chaleur du jour et au froid de la nuit – nous passons inaperçus. Depuis notre arrivée, nous ne nous rasions plus mais ma barbe étant rare et mes cheveux châtain clair, je n'étais pas sûr d'être devenu un Pachtoune convaincant... Avec trois cantines en fer achetées à la Samaritaine, à Paris, remplies de médicaments et d'instruments de chirurgie, nous prenons la route, assis dans la benne d'une camionnette, en direction de Quetta, plus au sud, dans la région pakistanaise du Baloutchistan. À notre arrivée, la paranoïa s'installe : enfermés pendant deux jours sans explications dans la cave d'une maison, nous nous interrogeons

– un peu tard – sur la fiabilité et les intentions de nos interlocuteurs. Dans notre solitude et l'obscurité de la nuit, l'idée d'avoir été kidnappés fait son chemin.

Le second soir, pourtant, notre isolement prend fin : assis dans la benne d'un autre pick-up, nous roulons quatre à cinq heures, poursuivis de temps à autre par des meutes de chiens sauvages, à travers les zones tribales que le Pakistan prétend administrer. Quoi que montrent les cartes et qu'en disent les diplomates, ces régions ne sont plus vraiment au Pakistan et ce n'est pas encore, pourtant, l'Afghanistan. Il s'agit d'une zone tampon entre les deux pays, une région aride, insoumise, largement autonome et peuplée de Pachtounes, comme du côté afghan de la frontière. Celle-ci, située plus à l'ouest – la fameuse « ligne Durand » que traça, en 1893, comme d'un grand coup de ciseaux en travers d'une carte, Sir Mortimer Durand, ministre des Affaires étrangères des Indes britanniques –, coupe en plein cœur la nation pachtoune. Ici, la seule loi en vigueur est une conception littérale de la charia et le code d'honneur des tribus où se mêlent vengeance et générosité. Au fond des vallées se cachent des fermes protégées comme d'antiques forteresses où l'opium est transformé en héroïne et les copies de kalachnikov fabriquées à la chaîne.

Au milieu de la nuit, nous quittons notre pick-up pour la benne d'un camion bariolé. La nécessité d'obéir sans broncher et de suivre nos guides s'impose comme une évidence. Et pour ce voyage nous

PROLOGUE

serons cachés entre des sacs de grains. Au petit matin, notre véhicule s'arrête. Nous voici dans un minuscule village posé au milieu d'une plaine barrée au loin par des montagnes. Ce village, toujours dans les zones tribales du Pakistan mais à deux pas de la frontière, c'est Badini. Nous y resterons trois jours, logés dans une maison de ciment gris bordant le hameau en compagnie d'un groupe d'aimables moudjahidines qui nous apprennent, pour « tuer » le temps, sans doute, à tirer à la kalachnikov. À chaque cible touchée, ils manifestent une joie exubérante. Notre maladresse les fait rire plus encore.

Le soir du troisième jour, nous embarquons sur la remorque d'un vieux tracteur Massey Ferguson avec une quinzaine de moudjahidines, assis entre ballots de paille, sacs de grains et caisses d'armes, en route pour cette première aventure afghane. Après la chaleur étouffante de la journée, nous sentons enfin la fraîcheur de l'air sur nos joues alors que le tracteur prend de la vitesse. Toujours déguisés en Pachtounes, Patrick Laburthe et moi ressemblons à des paysans en route pour la moisson. À la sortie du village, le tracteur s'engage dans une vaste plaine, sur une piste filant droit vers la chaîne de montagnes ocre qui ferme l'horizon. Nous avons passé la frontière sans la voir et sommes entrés dans la province afghane de Zaboul. Alors que la lumière décline, un vieil homme à la barbe blanche avance au bord de la route, d'un pas souple malgré son âge. Beau, grand, maigre, enveloppé de son patou, il est coiffé d'un turban blanc. Sur son épaule repose un vieux fusil anglais Enfield qui doit dater des guerres contre les Britanniques dont le dernier épisode remonte à 1919. Où va ce vieux bonhomme, minuscule dans ce paysage immense ? Cette question vaut aussi pour nous. Où allons-nous ? La plupart des moudjahidines assis dans la remorque ne comprennent pas un mot d'anglais, ceux qui le parlent un peu nous répondent d'un geste vague. Plus tard, le chemin sera connu, balisé par les journalistes et les médecins étrangers. Mais en juillet 1980 personne ne nous a dit à quoi ressemblerait notre route. Personne ne nous a avertis qu'elle serait si longue et difficile. Nous sommes les premiers Occidentaux à entrer clandestinement dans un Afghanistan envahi par les soldats soviétiques le 24 décembre 1979, voici seulement six mois.

Bientôt notre tracteur monte sur une route en lacets, traverse des torrents, entamant une lente ascension dans un paysage minéral. Le crépuscule venant, le spectacle qui nous entoure impressionne par sa dureté et sa beauté. À nos côtés, dans la remorque, les hommes ressemblent à des bandits moyenâgeux. Plusieurs fois, le tracteur s'embourbe en traversant des torrents à gué. Tout n'est qu'odeurs, visions, chaleur, poussière. La nuit est tombée quand le tracteur s'arrête enfin sous un ciel rempli d'étoiles. Commence alors une marche de plusieurs heures derrière nos guides, sans savoir où nous sommes ni comprendre où nous allons. Soudain, un groupe d'une trentaine de moudjahidines surgit de nulle part. Ils donnent un cheval à Patrick, me tendent un dromadaire, chargent nos cantines sur des mules et nous voici repartis en une caravane qui s'étire lentement dans la nuit finissante, entre des montagnes le long desquelles se fracassent des cascades.

Épuisés, sans repères, nous avons peur. Reviendrons-nous vivants de ce voyage ? J'ai le sentiment de toucher à quelque chose d'unique, à cause de la guerre, de ces moudjahidines, aussi, qui vivent en symbiose avec ce paysage lunaire. Tout me semble limpide, l'eau, l'air et la clarté qui s'accentue à l'approche de l'aube. Au petit matin, les voix de veilleurs invisibles résonnent, suivies de salves de coups de fusil. Terrorisé à l'idée de mourir ici, chevauchant ce foutu dromadaire dans ce pays perdu, je prends enfin conscience que la pétarade est festive : elle salue notre arrivée. Nous entrons dans le creux d'une faille, une longue gorge étroite que traverse un torrent, au pied de murs de roche. Là est installé un campement composé de plusieurs tentes basses faites de grosse toile dont on relève les pans. Leur sol est recouvert de tapis colorés sur lesquels des coussins ont été jetés. Une centaine de moudjahidines y vivent. Le commandant nous reçoit, un homme gigantesque, chauve et barbu, les bras deux fois plus gros que mes cuisses, une voix douce, surprenante dans un corps si massif. Son nom est à ce point imprononçable que Patrick et moi le surnommons Tarass Boulba[1]. Il nous offre le thé. Dans l'air flotte une odeur âcre et forte, mélange de poussière et de laine de mouton. Nous sommes au-delà de la fatigue.

Nous resterons trois semaines dans ce camp et les villages alentour, à soigner et à opérer la population. Une période étrange au cours de laquelle nous ne contrôlons rien, surtout pas le temps.

La nuit, nous nous déplaçons de village en village et restons cachés le jour. Souvent en bruit de fond, lointain mais constant, nous entendons les avions du pont aérien soviétique qui acheminent hommes et matériel en Afghanistan.

Un soir, alors que le jour s'efface, Patrick et moi marchons au fond d'une vallée, au sein d'une colonne de moudjahidines quand un Mig surgit dans le ciel. Deux combattants pachtounes se jettent aussitôt sur nous, nous plaquent au sol et nous protègent de leur corps, prêts à sacrifier leur vie pour sauver les nôtres. D'un geste sec, ils étalent leurs patous sur notre dos dans l'espoir que, vu du ciel, le tissu se confonde avec le sol. Impossible d'oublier les battements de mon cœur, le poids et la forte odeur du

---

[1]. Tarass Boulba est le personnage d'un roman éponyme de Nicolas Gogol. Il s'agit d'un cosaque ukrainien. Un film, réalisé en 1962 par J. Lee Thompson, a adapté ce récit et le rôle de Tarass Boulba y est joué par l'acteur Yul Brynner.

corps de cet homme qui m'écrase sur le sol alors que l'angoisse me submerge et que je manque d'air. Quand le bruit de l'avion de chasse s'estompe, le moudjahid se redresse et me tend la main, un sourire éclatant dans la pénombre, pour m'aider à me relever. Je reprends lentement mes esprits et il me faut un certain temps avant de remercier cet inconnu si généreux qui m'a servi de bouclier.

Lors de ces équipées nocturnes, Tarass Boulba nous conduit vers de minuscules villages aux ruelles étroites que se partagent les eaux usées et de maigres chèvres en quête de détritus, des hameaux composés de quelques maisons de terre et leurs petits jardins entourés de murs. Parfois, il nous emmène dans de magnifiques fermes fortifiées dont nous admirons les plafonds aux poutres ornées de peintures et les bat-flanc de bois qui portent des traces de jaunes et de bleus azurés semblables aux lapis-lazuli. Nous y passons quelques jours à soigner les gens du voisinage avant de rejoindre une autre ferme, ou un autre village, et d'autres malades.

Un soir, je retrouve devant une petite mosquée, toujours aussi gaillard et déterminé, le vieil homme à la barbe blanche et au fusil Enfield qui marchait seul sur la route le jour de notre départ de Badini. M'approchant de lui, je le salue et l'interroge avec l'aide d'un moudjahid.

— Je pense avoir quatre-vingt-huit ans, dit le vieillard. Je pars accomplir mon djihad, mon devoir sacré de lutter contre l'envahisseur communiste et athée en terre d'Islam.

De village en ferme fortifiée, le temps s'écoule à soigner et opérer malades et blessés. Nous traitons beaucoup de plaies surinfectées, trop longtemps négligées, et presque chaque jour des membres arrachés par des mines antipersonnel. Les Russes, depuis leurs hélicoptères, en largueront des millions dans tout le pays durant leur occupation. La plupart sont des « mines papillons », équipées d'ailes freinant leur descente et d'un détonateur qui s'arme lors de l'impact au sol. De différentes couleurs – vertes dans les zones agricoles, brunes dans les déserts, grises le long des fleuves ou des rivières –, ces mines en plastique sont difficiles à voir et presque impossibles à détecter. Leurs victimes – parmi elles de nombreux enfants qui ont pris ces engins pour des jouets –, souvent, doivent être amputées. Nous amputons donc, à l'aide d'outils et d'anesthésiques transportés dans nos malles. Nombreuses aussi sont les affections broncho-pulmonaires, notamment chez les enfants et les nourrissons, qui demanderaient un long suivi que nous ne pouvons leur offrir. Je rencontre beaucoup de petits cardiaques, également, avec leurs lèvres bleues, leur souffle court, leurs regards angoissés, pour lesquels je ne peux rien faire. Bien sûr, ce constat me bouleverse et c'est en grande partie de cette impuissance à sauver ces enfants, à l'époque, que l'idée de l'hôpital de Kaboul m'est venue à l'esprit. Longtemps, je l'ai considérée comme un rêve irréalisable, une généreuse utopie, mais je ne l'ai jamais totalement oubliée. Telle la mèche d'un pétard, elle attendait une allumette qui s'est enflammée plus tard, et nous verrons comment.

Un jour, Tarass Boulba nous installe dans un bâtiment en terre servant de mosquée. C'est une jolie pièce étroite et longue d'une quinzaine de mètres dont les poutres ornées de motifs en guirlande soutiennent le plafond bas. De nombreux villageois attendent devant la porte. Coiffé d'un large turban, un géant barbu à l'air farouche nous amène sa femme cachée sous une burqa bleue et lourde, comme on les faisait à l'époque dans les campagnes. Fiévreuse, elle souffre d'un phlegmon très avancé. Sa main a pris la taille d'un melon, une opération s'impose. Formé par Vladam aux rudiments de l'anesthésie avant notre départ, Patrick lui administre une dose de Kethalar, un sédatif puissant qui peut entraîner une hypersalivation, d'où un risque d'étouffement. Je commence l'opération : du pus jaillit à la première incision. Dans mon dos, je sens la présence silencieuse et attentive du mari accroupi dans un coin de la pièce, sa kalachnikov entre les jambes. Soudain, cette femme est secouée de spasmes et je vois sortir des bulles formant une mousse de la grille de sa burqa : elle est en train d'étouffer. Patrick fouille dans une des cantines et trouve l'aspirateur manuel, une grosse seringue dotée d'un long cathéter permettant d'aspirer les sécrétions dans la bouche et le larynx afin de libérer les voies respiratoires. Alors qu'il commence à lever le tissu bleu de la burqa, un bruit sec retentit dans notre dos – « tchak-tchak » : le mari, debout, a armé sa kalachnikov. Tétanisés, nous suspendons nos gestes une fraction de seconde tandis que la respiration de notre patiente se fait plus difficile. Patrick regarde l'homme, puis la femme, et soulève résolument le vêtement afin de placer le tuyau dans la bouche. Présent dans la pièce, Tarass Boulba se dirige vers le Pachtoune pour le calmer. L'homme baisse son arme, mais reste debout. La respiration de la femme se normalise. J'ai le dos noué. Le large front de Patrick s'est couvert de sueur. Je nettoie la plaie, pose un pansement et fais signe au mari que l'opération est terminée. D'un geste sec, il rabat la burqa sur le visage de sa femme et, sans attendre son réveil, la prend à bras-le-corps, la jette sur son épaule, sort de la pièce, la pose en travers de son cheval. Ainsi nous quitte-t-il, sans se retourner, sans un au revoir ni un merci.

Il nous faut bientôt regagner la France et Tarass Boulba nous ramène au Pakistan où nous devons entrer aussi clandestinement que nous en sommes sortis. Nous marchons des heures, de nuit, en colonne dans ces montagnes pelées n'offrant aucun refuge en cas de passage d'un hélicoptère russe et rejoignons, enfin, la frontière avec les zones tribales du Pakistan. De nouveau cachés dans la benne d'un

PROLOGUE

camion, parmi des sacs de farine et dans une chaleur éprouvante, nous sommes pétris d'angoisse à chacun des barrages que l'armée pakistanaise a mis en place dans cette région. Heureusement, les contrôles étant menés avec indolence, personne ne s'aperçoit de notre présence. Sains et saufs nous arrivons à Quetta, la ville pakistanaise d'où nous sommes partis trois semaines plus tôt, très heureux d'être là, très heureux d'être en vie.

Quelques jours plus tard, dans l'avion qui m'emmène à Moscou, puis Paris, j'éprouve un immense soulagement en sentant l'appareil décoller de la piste de l'aéroport de Karachi. En cet instant précis, je me promets de ne jamais remettre les pieds en Afghanistan.

La Vallée des insolents

Octobre 2005
J'ai réglé le réveil de mon téléphone portable – un son infernal de sirène de brume – à 5 h 30 du matin et j'ouvre les yeux sur un vol de mouettes blanches dans un ciel trop bleu peint sur le plafond d'une chambre d'enfant. Trois coups légers sont frappés à la porte décorée d'un Bambi aux longs cils. Nadjib l'entrouvre, un immense sourire au milieu du visage, une tasse de thé noir à la main.

— *Good morning, Eric.* – Il pose la tasse au pied du lit. – Nous partons dans une demi-heure.

Je le remercie, il disparaît. Bambi me fixe à nouveau de ses jolis yeux sombres. Je regarde autour de moi, à peine sorti d'un rêve absurde de pommiers normands sur une plage de galets, celle du Havre peut-être, avec, en fond sonore, des cornes de brume qui m'ont finalement réveillé. Des peluches – panthère noire, ours brun, éléphant gris – gisent sur le sol de la chambre. Il me faut quelques secondes pour me souvenir d'avoir, hier soir, viré tout ce charmant bestiaire qui encombrait le lit avant de m'endormir dans La Maison des Enfants, dans le quartier de Karte Seh, à Kaboul. Kate Rowlands gère cette maison, au nom de La Chaîne de l'Espoir, pour les petits malades afghans les plus démunis. Oui, je suis à Kaboul, capitale de l'Afghanistan, où j'avais promis, il y a plus de deux décennies, de ne jamais remettre les pieds. Je tente de tenir mes promesses, mais disons que celle-ci est l'exception qui confirme la règle. Pendant vingt et un ans, je n'ai cessé de penser à ce pays sans jamais oser y retourner et j'ai rompu pour la première fois ce serment intime en revenant à Kaboul en décembre 2001, au lendemain de la chute des talibans. Depuis, j'y suis allé tous les deux ou trois mois, avec pour objectif d'y édifier un hôpital aux normes internationales dédié aux enfants afghans, mon vieux rêve, trop longtemps en hibernation dans les recoins de ma mémoire.

Je bois mon thé. Le temps presse : ce matin, nous allons dans la vallée du Panshir, la vallée des insolents[1].

Comme prévu, nous quittons Kaboul à 6 heures du matin, à bord d'une vieille Nissan 4×4 fatiguée

---

1. Le Panshir a souvent été appelé la « vallée de l'Insolence », mais le pays tout entier aussi, qui a toujours fini par repousser ceux qui l'avaient envahi. Michael Barry a ainsi écrit un livre sur l'histoire de l'Afghanistan, de 1504 à 2001, justement titré : *Le Royaume de l'insolence* (Flammarion, 2002).

mais pimpante depuis qu'un carrossier local a jugé bon de la repeindre d'une couleur bleu pétrole. Partis un peu plus tard, nous serions restés coincés dans l'inextricable embouteillage qui bloque, matin et soir, le trafic automobile de cette ville à la fois laide et émouvante, couturée de blessures mais débordant d'énergie. Je suis assis à côté du chauffeur, Aghashrine, un jeune rigolard, mon préféré parmi ceux qu'emploie Kate. C'est un homme espiègle et enjoué, très adroit au volant, un énorme avantage pour se faufiler, sur un boulevard périphérique inachevé et criblé de nids-de-poule, entre des camions en panne, des charrettes tirées par des mules, les vieux taxis jaunes et de grosses 4×4 aux vitres fumées qu'affectionnent politiciens et mafieux, souvent, ici, un pléonasme. À l'arrière, Kate regarde la nuit en silence. Généralement pétulante, sauf au petit matin, cette grande Anglaise blonde d'une cinquantaine d'années, infirmière de légende, vit en Afghanistan depuis plus d'une décennie. Dodelinant de la tête, elle s'endort à nouveau, enveloppée d'un manteau noir qui la couvre jusqu'aux pieds. À ses côtés, Nadjib, jeune Tadjik beau comme un pâtre grec, cheveux de jais et yeux clairs. Il a connu Kate – dont il est devenu le comptable, l'assistant, l'interprète et le garde du corps – quand elle est venue s'installer dans cette province rebelle durant le règne des talibans. Il était alors, dit-il souvent, de la fierté dans le regard et la voix, « le chauffeur de la jeep du commandant Massoud », le « Lion du Panshir », Ahmad Shah

Massoud, assassiné le 9 septembre 2001, deux jours avant les attentats de New York et de Washington, par des hommes d'Al Qaeda qui, afin de l'approcher, s'étaient fait passer pour des journalistes belges d'origine marocaine.

Nous sommes en octobre et il fait déjà froid. Sous un ciel rempli d'étoiles, la nuit est limpide. Nous partons à Peskaran, dans le Panshir, visiter une école de jeunes filles dont la rénovation et l'équipement sont financés par La Chaîne de l'Espoir. Le chauffeur roule vite sur une route droite en mauvais état, en direction de montages enneigées qui rosissent dans les premières lueurs de l'aube. Rapidement, le soleil monte dans le ciel, éclaire le paysage d'une lumière dorée et, vers 9 heures, alors que l'atmosphère s'est enfin réchauffée, nous nous arrêtons dans un restaurant dont la terrasse surplombe une rivière tumultueuse, dans le village de Gulbahar, pour un délicieux petit déjeuner en plein air : thé noir, galettes de pain et miel des montagnes. Kate allume sa première cigarette, plisse les yeux, sourit. Elle sort de sa torpeur, semble heureuse d'être là.

La montée vers l'entrée de la vallée du Panshir se négocie sur une route en terre étroite et sinueuse, encombrée de charrettes, bordée d'étals de marchands. Je retrouve avec bonheur cet Afghanistan rural, plein de vie, d'enfants, de lumière, entrevu en 1980 dans la province de Zaboul. Les mêmes odeurs de terre, de poussière, de chèvres, de fumées de charbon de bois, les mêmes regards, les mêmes sensations, toujours. Il me suffit de quitter Kaboul, de humer l'air, d'observer les paysages teintés de vert, d'ocre, de brun, de saluer les hommes, de rire avec des gamins, pour retrouver ce lien indéfinissable qui m'attache à ce pays.

Telle une mule opiniâtre, notre Nissan continue à grimper, lentement mais sûrement, sur ce chemin balisé par des carcasses de chars calcinées, vestiges des violents combats menés ici pendant trois décennies. Enfin, nous pénétrons dans la faille qui constitue l'entrée de la vallée, telle une entaille profonde dans une muraille rocheuse haute de quatre mille mètres. Elle est si étroite qu'elle constitue une défense naturelle exceptionnelle et explique pourquoi le Panshir n'a jamais été conquis par les innombrables envahisseurs qu'a connus le pays. En contrebas, un torrent impétueux semble jaillir de la roche comme l'air d'un piston et son rugissement dans ce goulet grandiose, amplifié par les murs verticaux des montagnes, est, littéralement, assourdissant.

Au cœur de ce vacarme, une barrière, un peu plus loin, ferme le chemin vers la vallée. Plusieurs gardes armés s'approchent, nous baissons les vitres des portières.

— *Salam aleikoum,* lance Kate avec son accent anglais, un grand sourire aux lèvres.

Les gardes la reconnaissent aussitôt ainsi que Nadjib, et tous s'engagent dans les longues amabilités rituelles de la courtoisie afghane.

Nous repartons sur cette route suspendue au flanc de la montagne et surplombant le torrent, puis la vallée, soudain, s'élargit, s'ouvre à nous, accueillante et splendide, étalant dans un merveilleux panorama ses lointains vergers et ses prairies où serpente la rivière encore calme. C'est un paradis inexpugnable, un Éden éclatant dans un écrin de monts enneigés et pointus. À la sortie de la faille, dominant l'eau qui s'y engouffre dans un bruit de tonnerre, une maison troglodyte semble accrochée aux rochers.

— Une fois les talibans entrés dans Kaboul, en septembre 1996, ils ont fermé mon hôpital. J'ai quitté la ville et suis venue vivre ici, dans cette maison, dit Kate, qui observe le bâtiment, visiblement émue.

Quand elle s'y est installée, l'infirmière anglaise venait de vivre deux années terribles. En 1994, elle avait ouvert un hôpital à Kaboul pour Emergency, une ONG italienne. La ville, alors, était ravagée par les combats opposant différentes factions de moudjahidines qui se disputaient la capitale, la bombardant de façon indiscriminée, chacun depuis sa montagne, à grands coups de canon[1]. Kate enterrait les morts, soignait les blessés, recueillait les orphelins.

---

1. Évoquant cette guerre civile entre clans moudjahidines qui a duré quatre ans, le journaliste et écrivain américain Robert D. Kaplan, dans un livre remarquable, *Soldiers of God*, écrit : « Les Afghans ont alors appris à haïr ceux-là mêmes qui les avaient libérés de leurs occupants soviétiques » (Vintage Books, 2011).

En 1996, quand les talibans sont entrés dans Kaboul, le calme est revenu, mais le cauchemar afghan, avec eux, a pris une autre tournure. Les étudiants islamistes zélés ont proscrit la musique, la danse, le marché aux oiseaux et jusqu'aux cerfs-volants, ils ont lapidé les femmes adultères, coupé les mains des voleurs, interdit l'éducation aux jeunes filles. Pas question pour une Occidentale comme Kate de gérer un hôpital. Elle est donc partie. Puis elle est revenue, souvent, clandestinement, pour sauver des enfants.

— Pendant des semaines, alors que la situation militaire n'était pas encore stabilisée, j'ai traversé les lignes de front pour ramener avec moi des orphelins abandonnés à Kaboul.

— Mais Kate, ce devait être très dangereux ?!

— Oui, répond-elle en riant, mais je me disais, allez, *Inch' Allah*, on y va. Je revenais avec tous ces enfants et nous sommes en vie.

Discrètement, elle essuie une larme sur sa joue.

— J'en ai ramené tellement que l'hôpital de la vallée devenait trop petit. Certains ont vécu avec moi dans cette maison, il suffisait de se serrer un peu.

Elle allume une cigarette et se retourne vers nous, les yeux brillants.

— Bon, il faut repartir, sinon nous n'arriverons jamais avant la nuit.

Après une heure de cahots dans la poussière d'un chemin de terre tracé au cœur de cette vallée couleur vert tendre, le mausolée de Massoud se profile à l'horizon, un tombeau pompeux, d'un kitsch parfait avec coupole, marbre, flammèches en ciment, et un poster du héros, son profil d'aigle sur fond de ciel bleu, nous souhaitant la bienvenue. Devant ce mélange de grandiose et d'inachevé tiers-mondiste typique des constructions modernes de Kaboul ou de Karachi, Kate hausse les épaules et lève les yeux au ciel, l'air ulcéré.

— C'est un monument qui ne ressemble pas à ce qu'était Massoud, dit-elle. Il le verrait qu'il ne serait pas content.

— Serait-il content de voir ce que devient l'Afghanistan ? Que penserait-il du président Hamid Karzaï, par exemple ?

Kate me regarde, accablée.

— Oh, Éric, s'il te plaît, ne me pose pas toutes ces questions stupides.

Elle détourne la tête et allume une énième cigarette.

En fin d'après-midi, nous sommes toujours dans la voiture, sur ce chemin qui n'en finit pas de serpenter, de descendre et de monter, suivant la rivière vers son amont. La vieille Nissan couine et grince ; elle ne dépasse guère les vingt kilomètres à l'heure. Aghashrine mouline son volant pour éviter les nids-de-poule les plus profonds, les chiens errants, les ornières, les mules et les gamins à l'entrée des villages, Avec l'altitude, nous commençons à avoir froid, l'hiver approche. Je remonte le col de ma veste polaire, Kate resserre son grand manteau noir et s'entoure la tête et le cou d'une longue écharpe beige. Elle est d'un chic absolu. Nadjib nous annonce que nous allons dormir chez l'un de ses nombreux cousins, qu'il appelle le Commandant, car nous n'arriverons jamais à Peskaran avant la nuit. Il nous fait longer l'un des bras de la rivière qui forme un torrent large d'une quinzaine de mètres, peu profond mais véloce. Au loin, nous apercevons une passerelle en fer, étroite et rouillée, à l'usage des piétons. Sur l'autre rive, un minuscule village.

— C'est ici, nous dit Nadjib. Mon cousin le Commandant habite dans ce village.

Cet arrêt me contrarie. J'ai beaucoup de choses à faire à Kaboul, de nombreuses personnes à voir. L'idée de notre hôpital n'est plus l'utopie d'autrefois. Depuis la chute du régime taliban, en décembre 2001, elle est devenue un projet très sérieux et, depuis le printemps 2003, un chantier de construction, mené par le groupe Bouygues, qui avance à toute vitesse. J'espérais que nous aurions visité l'école de jeunes filles avant la nuit pour repartir tôt le lendemain matin. Soucieux, je me retourne vers Kate, voulant lui énumérer les inconvénients de cette étape inattendue, mais son sourire me désarme et je ne dis rien. Que nous dormions ici ou ailleurs, cela lui est bien égal. Je me souviens soudain de l'Anglais du bar du Dean's, à Peshawar, en 1980. Il m'avait dit que le temps, ici, ressemble à un élastique. J'oublie donc mon planning concocté à Paris et déjà obsolète, et rends un silencieux hommage à l'imprévu afghan.

Alors que Kate, Nadjib et moi descendons de voiture pour emprunter la passerelle branlante au-dessus du torrent bouillonnant, Aghashrine, avec hardiesse et sans doute délectation, engage résolument la voiture dans le courant en direction de l'autre rive. Lentement, il progresse en cahotant sur les pierres, l'eau monte jusqu'aux portières au fur et à mesure qu'il avance, soudain une roue patine, le moteur rugit, tousse puis s'arrête dans un nuage de fumée et de vapeur d'eau. Le silence s'installe que troublent vite des aboiements de chiens. Des enfants nous entourent, des hommes sortent des maisons. Un sourire désolé aux lèvres, le chauffeur nous rejoint sur la rive, pantalons retroussés et chaussures à la main. Nadjib palabre avec un villageois qui finalement l'emmène. Alors que la nuit descend sur le village, les deux hommes reviennent juchés sur un vénérable tracteur Massey Ferguson. Lui aussi réveille chez moi de vieux souvenirs. La voiture est arrachée du torrent, hissée sur la rive sous les acclamations et les rires des enfants. Mais elle refuse de redémarrer. C'est donc sur le tracteur, saluant les villageois du haut de l'engin, que nous allons chez « le Commandant », une bâtisse imposante dotée d'un portail en fer, entourée d'une dizaine de petites maisons. Un homme massif ouvre ce portail en poussant de grands cris joyeux. Nadjib et lui s'embrassent longuement, heureux de se revoir. La main droite posée sur son cœur, il nous salue.

— Éric, voici mon cousin le Commandant.

Commandant de quoi ? Je n'ose le demander. Cet homme m'accueille comme si j'étais un vieil ami. Une fois déchaussés, il nous fait entrer dans une pièce spacieuse au plafond bas chauffée par un poêle dont la fumée pique les yeux. Nous nous installons sur les tapis et coussins rouges posés contre les murs. Le thé servi, Nadjib explique à son cousin le long voyage, la voiture en panne, la construction d'un hôpital à Kaboul pour les enfants afghans. Dans ce monologue en dari, l'une des langues du pays parlée notamment au Panshir, je reconnais deux mots, « *French doctor* ». Le Commandant, qui fut peut-être un moudjahid, me regarde en souriant, posant de nouveau la main sur son cœur. Une à une, des personnes apparaissent dans la pièce, silencieuses : des enfants, de jeunes garçons, deux femmes en burqa. La discussion s'anime entre le Commandant, Kate et Nadjib. La fatigue et la chaleur m'endorment, mais je lutte contre le sommeil car la conversation me concerne. Souvent, les regards se tournent dans ma direction, chacun hoche la tête et semble approuver ce qui vient d'être dit. J'interroge Kate qui m'explique

que des parents veulent me montrer leur enfant de quatre ans « très mal en point ».

— Comment ça, mal en point ?

— Je ne sais pas, répond Kate, agacée. J'ai posé la question, mais ils ne m'ont pas expliqué.

— Eh bien, qu'ils me l'amènent, je vais l'examiner.

Kate parle au Commandant qui répond avec un large geste du bras, Nadjib intervient, tous semblent évoquer un problème.

— Ils vont l'amener, me dit Kate, mais la famille habite plus loin.

— Plus loin, ça veut dire quoi ?

— Je ne sais pas, Éric. En Afghanistan, généralement, ça veut dire très loin.

Le Commandant donne un ordre bref qui provoque une agitation certaine.

— Nous allons dîner ici et puis dormir en attendant l'arrivée de l'enfant, me dit Kate.

L'assemblée s'installe le long des murs, des jeunes gens déposent de nombreux plats sur les tapis : galettes, chapatis, raisins, fromages blancs à la forte odeur de chèvre. Puis, petit à petit, la pièce se vide. Kate a dû rejoindre les femmes dans une autre salle. Ne restent plus que le Commandant, Aghashrine et Nadjib qui discutent à voix basse, et moi qui somnole. Discrètement, un jeune garçon m'apporte un édredon sous lequel je m'enfouis sans me faire prier. La conversation et les tourbillons du torrent forment un doux bruit de fond. Épuisé, je m'endors.

*
* *

Nadjib me réveille en me secouant l'épaule.

— Éric, le petit garçon est arrivé.

Je suis dans l'état second que suscite toujours chez moi un brusque réveil. Il fait nuit. Nadjib tient une lampe à pétrole à la main. Derrière lui, une femme en burqa a relevé son voile et regarde un enfant enveloppé dans un patou. À ses côtés, un homme plus âgé, le père sans doute, tortille un béret identique à celui que portait Massoud. La main sur le cœur, je les salue. Accompagné d'un fils du Commandant, Nadjib a amené cette famille avec le vieux tracteur. D'abord réticent à l'idée de cette équipée nocturne, le père s'est laissé convaincre par la mère, et les voici avec l'enfant malade.

Après l'assentiment muet de la mère, exprimé du regard, je me penche sur le petit, soulève délicatement les couches d'étoffes qui le protègent du froid et découvre son visage puis son corps décharné.

— Comment s'appelle-t-il ?

Nadjib interroge la mère.

— Afzal, répond-elle.

Je caresse du bout du doigt la peau flétrie, comme parcheminée, du garçon, lui sourit, souffle son nom dans un murmure :

— Bonjour, Afzal...

L'enfant me fixe de ses yeux sombres, enfoncés, comme rétractés dans les orbites, que soulignent de profonds cernes.

AU CŒUR DE L'ESPOIR

Ce petit garçon est dans un état avancé de dénutrition et de déshydratation. Je teste sa réactivité, le pli cutané abdominal, la sécheresse de ses muqueuses et sa langue rêche en passant mon doigt sur ses gencives, ses bras et cuisses décharnées. Il va très mal et j'aimerais savoir pourquoi. Une longue conversation s'ensuit entre Nadjib et la mère émue, les yeux remplis de larmes, qui se tourne vers son mari silencieux en quête d'une approbation. Parfois, il donne son assentiment d'un bref hochement de tête.

L'histoire d'Afzal se précise. Il était en pleine santé jusqu'à ce chaud après-midi de septembre, alors qu'il jouait avec ses camarades près de l'atelier de son père, réparateur de motos et de tracteurs. Assoiffé, l'enfant a vu une bouteille de Fanta ouverte posée sur le sol et contenant un liquide coloré. Après quelques gorgées, une brûlure fulgurante l'a terrassé. Alertés par ses cris, les villageois l'ont ramené chez lui, hurlant et vomissant du sang. Voyant son fils, le père a compris qu'il avait bu de l'acide sulfurique utilisé pour la batterie d'un tracteur qu'il réparait. Après plusieurs jours de douleurs, Afzal a recommencé à s'alimenter, d'abord de lait de chèvre, puis de fromage blanc. Une amélioration de courte durée. Début octobre, il ne pouvait plus rien avaler. Sa santé s'est encore dégradée et le voici, maintenant, dans ce terrible état.

Je sais parfaitement de quoi souffre Afzal, l'ingestion de produits toxiques étant, hélas, un classique chez les enfants. Je sais aussi comment nous pourrions le sauver. Il est atteint d'une « œsophagite caustique » : son œsophage a été brûlé par l'acide sulfurique à deux reprises, quand il l'a avalé, et quand il l'a vomi. Après cette brûlure atroce, l'œsophage a cicatrisé, mais la muqueuse, très fragile, s'est rétractée, rendant impossible le passage des aliments et des liquides. La seule solution pour le sauver est de l'opérer. Comment ? Où ? À Kaboul, bien sûr. À l'Indira-Gandhi, peut-être ? C'est le seul hôpital pédiatrique du pays, mais il est dans un tel état de délabrement et d'abandon que l'idée me semble extravagante.

Je regarde Afzal, son visage exsangue, bouleversant, beau, et je prends conscience soudain que je le fixe depuis longtemps. Dans la pièce, Kate m'observe. Les mains sur sa bouche, la mère a le regard éploré. Le père garde son visage fermé. Je fais signe à Kate de me suivre à l'extérieur. Dehors, il fait froid, j'inspire un air glacé.

— Kate, il faut sauver Afzal, et il faut faire vite.
Elle reste silencieuse.
— Il faut d'abord le réhydrater avec les moyens du bord en lui administrant 10 centilitres d'eau sucrée toutes les demi-heures.
— Je m'en occupe, dit-elle.
— Après, il faut l'emmener avec nous à Kaboul et l'opérer.
— Comment l'opérer ?
— Il faut le placer sous anesthésie générale et

insérer un tube dans l'estomac à travers la paroi abdominale pour le réalimenter.

Dubitative, Kate hausse les sourcils. Elle sait bien qu'à Kaboul une anesthésie générale est une procédure à haut risque, surtout quand il s'agit d'un jeune enfant.

— Une fois retapé, on le réopérera pour retirer son œsophage malade et le remplacer par un morceau de son côlon, afin de rétablir un circuit d'alimentation normal.

Kate pousse un long soupir.

— Éric, me dit-elle, tu es épuisé.

Un tel commentaire suggère que mon plan thérapeutique n'a pas l'heur de lui plaire. Si Kate Rowlands devient raisonnable, où va-t-on ?

— Dis donc, Kate, sur ton bureau, à Kaboul, tu as bien ce petit panneau sur lequel est écrit « *Never give up* », non ? Ça veut dire n'abandonne jamais, n'est-ce pas ?

Cette nuit, je suis énervé.

— Éric, tu sais bien que personne ne peut faire une telle opération à Kaboul.

— Si. Moi, je peux la faire.

— Mais l'anesthésie, Éric, et les soins postopératoires... Ne rêve pas. Tout ça est impossible.

— Tu connais la phrase de Mark Twain ? « Ils ne savaient pas que c'était impossible, alors ils l'ont fait. »

Kate lève les yeux au ciel. Nos regards se croisent. Soudain, elle éclate de rire.

— Allez, tu as raison. Va dormir un peu. Je m'occupe de réhydrater Afzal.

L'enfant bleu

À l'aube, j'annonce le programme : Kate restera ici pour s'occuper d'Afzal ; Aghashrine, Nadjib et moi partirons visiter l'école et reviendrons chercher l'infirmière et l'enfant.

— Ce serait bien que sa maman vienne à Kaboul avec nous pour accompagner Afzal.

Kate acquiesce, sans conviction.

— Il faudra que le mari l'accepte, me dit-elle.

— Et pourquoi n'accepterait-il pas ?

Elle hausse les épaules, pensant sans doute que je ne comprends vraiment rien à l'Afghanistan. C'est vrai, j'ai du mal à entendre certaines choses, ici, notamment qu'un mari puisse interdire à sa femme d'accompagner un enfant malade à l'hôpital. Pire : que la femme lui obéisse en pareilles circonstances.

— Ce qui serait bien, aussi, ajoute Kate en souriant, c'est que la voiture démarre.

— Où est Aghashrine ?

— Je crois qu'il est sorti, me répond Nadjib.

L'hypothèse de rester coincé dans ce village m'accable et je commence à broyer du noir quand j'entends, dehors, un « tut, tut » allègre. J'aperçois par la fenêtre le Commandant ouvrir son portail et la 4×4 bleu pétrole faire une entrée triomphale dans la cour, avec au volant un Aghashrine radieux. Nous ne saurons jamais par quelle magie afghane il a fait repartir cette auto.

Nadjib me montre du doigt un bâtiment blanc, fraîchement repeint, au sommet d'une montagne.
— L'école de Peskaran, dit-il.
Il est 8 h 30. C'est une matinée ensoleillée. Des groupes d'écolières en uniforme – longue chasuble noire au-dessus de leurs pantalons, foulard blanc sur les cheveux – se rassemblent devant l'établissement. Nadjib, qui a suivi avec Kate l'avancement des travaux de rénovation que nous finançons, me signale la clôture neuve autour de l'école, les façades impeccables, les fenêtres avec tous leurs carreaux. La quarantaine joviale et dynamique, Nasrine, la directrice, nous accueille et nous visitons avec elle l'intérieur de ce bâtiment ripoliné. Je suis heureux de voir toutes ces petites qui nous regardent avec de grands yeux étonnés. Souriantes, curieuses, elles participent à la renaissance éducative d'un pays où il leur était interdit, encore récemment, d'aller à l'école. Les statistiques à cet

égard sont toujours affligeantes[1], même si elles s'améliorent d'année en année.

Souvent, au cours de cette visite, j'ai la tête ailleurs. Je repense au petit Afzal, échafaude des plans pour l'opération à venir alors que Nasrine évoque le budget de l'école ou les travaux à réaliser. Je fais un signe discret à Nadjib pour qu'il accélère le mouvement. Avec diplomatie, il explique à la directrice qu'une urgence médicale m'appelle à Kaboul. La femme répond par un long monologue. Elle veut me montrer une élève qui ne peut plus venir à l'école depuis un mois. La fillette, dit-elle, habite « juste à côté », mais je me doute qu'il va falloir crapahuter pendant des heures sur un sentier de montagne. Résigné, j'accepte et nous partons en file indienne sur un chemin muletier qui grimpe à pic. Je suis vite essoufflé – nous sommes sans doute à plus de trois mille mètres –, mais, après dix minutes de marche (ou d'escalade, selon ma mauvaise humeur du moment), nous arrivons devant un muret délimitant une courette sale défendue par deux chiens qui aboient. Une pierre lancée par la main experte d'un garçon les fait taire. Au milieu de la cour se trouve une maison basse. Je m'incline pour franchir le seuil et passe sans transition de la lumière éclatante du matin à

---

1. Selon l'Unicef, le taux d'alphabétisation des jeunes filles afghanes (15-24 ans) s'élève à 18 %, tandis que celui des jeunes hommes est de 50 %. En 2007, on dénombrait en Afghanistan un million trois cent mille filles, en âge d'aller à l'école primaire, qui n'étaient pas scolarisées.

la pénombre de la pièce principale où flotte une odeur de fumée. Il me faut un instant pour accoutumer ma vision à l'obscurité des lieux et je me laisse guider par Nasrine vers une soupente. La petite fille est assise en position fœtale sur le bord d'un bat-flanc, veillée par sa mère recluse dans ses voiles, effacée comme une ombre.

— Voici Yasmina et sa fille Yalda, me dit Nasrine à mi-voix.

Je salue la femme et me penche vers l'enfant qui tourne vers moi ses yeux exorbités donnant à son regard un air halluciné. Les ailes de son nez sont pincées et palpitent, couvertes de sueur malgré le froid ambiant. Son thorax se creuse et se soulève à un rythme rapide. Yalda aspire l'air désespérément, avec un grognement sourd.

— Quel âge a-t-elle ?
— Huit ans, répond Nasrine.

J'ausculte la fillette et entends dans sa poitrine le ronflement du sang caractéristique d'une communication anormale entre les deux ventricules du cœur. Le diagnostic, hélas, est évident. Cette petite fille, avec ses cernes sous les yeux, ses lèvres et ses ongles bleutés, est ce que l'on appelle un « enfant bleu », elle souffre d'une malformation cardiaque de naissance. Son sang, pour ne pas suivre le circuit normal, manque d'oxygène. La lutte de Yalda est sans espoir. Sa maladie va la conduire vers une asphyxie lente et inexorable. Dans la seconde où je croise le regard épouvanté de l'enfant qui, sans doute, sent la mort approcher, je sais que je ne l'abandonnerai pas. Ma décision est prise, fondée sur l'instinct et la colère, cette colère froide qui me submerge parfois comme une vague et me pousse à l'action. Dans n'importe quel pays normal, avec un hôpital qui n'aurait pas été la cible de tirs de mortier, doté d'un bloc opératoire ne datant pas de Mathusalem, ce trou entre les deux ventricules serait bouché depuis longtemps et cette petite fille vivrait une enfance heureuse ! Je serre ses deux mains, froides et minuscules, la regarde en souriant, puis retourne dans la pièce principale qu'occupent, à ma grande surprise, de nombreux voisins. J'explique à Nadjib et Nasrine que l'état de Yalda est grave et impose d'agir dans l'urgence. Sans une opération à cœur ouvert, l'évolution de sa maladie sera fatale. Il va donc falloir l'opérer en France, si elle peut supporter le voyage, ce dont je doute, mais je ne le dis pas. Sinon, nous l'opérerons à Kaboul, et là encore, sans l'exprimer, je sais bien que pour le moment c'est impensable vu l'état sanitaire du pays et le délabrement des hôpitaux locaux, mais ne compliquons pas tout, comme le disait Kouchner, jadis. Si cette enfant reste ici, elle va certainement mourir vite, dans de terribles souffrances. À Kaboul, nous trouverons bien une solution et donc j'exige – il n'est pas question d'en discuter – que Yalda reparte avec nous et que sa mère l'accompagne. Sa présence, je le sens, sera indispensable pour apporter à l'enfant la tendresse qui l'aidera à traverser les épreuves à venir.

Un court silence s'ensuit, dû sans doute à ma

détermination, puis Nasrine me demande dix minutes pour parler à la famille. Je sors dans la courette inondée de soleil et m'assois sur le muret. Un garçonnet me regarde, le lanceur de pierre qui avait calmé les chiens, probablement le petit frère de Yalda. Il sort sa fronde de la poche de son gilet gris. Je mime son mouvement circulaire. Ravi d'avoir affaire à un amateur, le gamin me prend la main et pointe du doigt un oiseau dans un arbre. Il arme sa fronde, j'arrête son geste, Nadjib m'appelle, l'oiseau s'envole. Nous rions tous les deux, le garçonnet et moi, et je me rends compte que cet intermède m'a permis de retrouver mon calme. Ensemble, nous retournons vers la maison où le thé est servi. Je salue le père, un homme grand, maigre, les yeux clairs, une barbe jaune et courte. Nous nous asseyons. Près de la porte, le petit frère regarde la scène d'un air inquiet. Nadjib m'annonce l'accord des parents et ajoute que le père accepte également que son épouse accompagne Yalda. L'homme intervient d'une voix douce pour me remercier. Il sait que sa fille décline inexorablement, que son état s'aggrave malgré les visites répétées au dispensaire de la vallée, la prise des médicaments prescrits. Sa femme et lui ont déjà eu le malheur de perdre leur fils aîné, mort asphyxié à l'âge de sept ans de la même maladie que celle dont souffre Yalda. Il ne veut pas revivre ce drame avec sa fille et m'accorde sa confiance car je suis un médecin français. Il a en connu plusieurs, dit-il, quand il était moudjahid.

L'ENFANT BLEU

Dans le silence et la gravité, Yalda et à sa mère se préparent pour le voyage. Avec un maigre balluchon pour tout viatique, les voici prêtes. Nous descendons en cortège en direction de l'école. La fillette est installée à califourchon sur le dos de son père qui, habitué à ce chemin rocailleux, lui en épargne les secousses. Le petit frère, dont je sais maintenant qu'il se nomme Mozamel, ne me quitte pas d'une semelle. Quand nos regards se croisent, il semble m'interroger : ça ira ? Elle reviendra bientôt ? Je tente de le rassurer en frottant de la main ses cheveux courts et drus.

Arrivée près de la voiture, la famille rassemblée reste un instant à l'écart, bouleversée par la séparation imminente qui l'attend. Le père remet un coran à son épouse en prononçant quelques mots. Silencieux et immobiles, les enfants fixent leurs parents, conscients de la gravité du moment. Leur émotion s'enveloppe d'une immense dignité. Regards intenses, larmes retenues, prières silencieuses.

Yalda est installée à l'arrière, à moitié assise car elle suffoque en position allongée, entre sa mère Yasmina et Nadjib. Aghashrine démarre doucement. Nasrine nous salue de la main. Le père reste immobile, impassible, désemparé. Mozamel court un instant à côté de l'auto, tente de me donner sa fronde et s'arrête, essoufflé. Soudain, une inquiétude me saisit. Je sais ces malformations cardiaques souvent congénitales, issues d'une longue chaîne d'unions consanguines dans ce pays où se marier hors de son propre village est rarissime. Je me retourne vers Mozamel tandis que la voiture s'éloigne. Il a retrouvé son souffle et me sourit, sur le bord du chemin, agitant sa fronde au bout du bras. Aghashrine accélère. Je me retourne une nouvelle fois. Nasrine, le père et l'enfant, ne sont plus que de lointaines silhouettes. Je regarde Yalda. Des larmes coulent sur ses joues que sa mère essuie d'un coin de voile.

Afin d'éviter les secousses trop brutales, nous avançons lentement, silencieux, émus, envahis par l'intensité du moment, cette séparation, ce qui nous attend. Assis derrière moi, Nadjib me presse l'épaule de la main, signalant ainsi qu'il est solidaire de ma décision d'emmener Yalda. Je pose ma main sur la sienne un instant, pour le remercier d'être là.

J'avais demandé à Kate de nous attendre, avec Afzal et sa mère, du bon côté de la rivière. Pas question de franchir une nouvelle fois ce torrent à gué avec la voiture. Notre arrivée était prévue vers 14 ou 15 heures. Il est 17 heures quand je la vois au pied d'un arbre, au milieu d'un groupe de gens que domine l'imposante silhouette du Commandant. Aghashrine arrête la voiture. Kate jette un coup d'œil à l'intérieur et porte les mains à ses joues.

— *Oh my God !*

Cette expression, chez elle, trahit une rare

émotion. En une seconde, elle comprend la situation et perçoit les difficultés à venir. Je lui explique l'évidence qui s'est imposée à moi de tenter de sauver Yalda. Elle lève les yeux au ciel, mais ne me fait aucun reproche. Afzal est allongé sur les genoux de sa mère, accroupie au pied de l'arbre, cachée dans sa burqa.

— J'ai mis un tube de caoutchouc au bout d'une seringue pour en faire une pipette, et j'ai réussi à lui administrer de l'eau sucrée. J'ai même pu lui parler un peu.

Kate se tourne vers moi.

— Il vient de se rendormir, mais...

— Mais quoi ?

— Mais le père ne veut rien savoir, me dit-elle. Il n'accepte pas de laisser sa femme partir avec l'enfant.

Furieux, je fusille du regard ce père et son visage fermé et demande à Nadjib de lui expliquer combien je suis choqué par son attitude. Kate pose sa main sur mon bras.

— C'est inutile, me dit-elle.

Le Commandant souffle quelques mots à l'oreille de Nadjib.

— Éric, me dit-il, même le Commandant n'a pas réussi à le convaincre.

J'inspire une grande bouffée d'air, comme pour engloutir ma colère, adresse un long regard lourd à cet abruti de père puis donne le signal du départ car il est déjà tard. Kate se penche et avec des gestes lents soulève Afzal des genoux de sa maman qui relève sa burqa. Les yeux gonflés de larmes, elle embrasse son si frêle garçon et l'abandonne, en étouffant un sanglot, dans le giron de Kate. Je regarde cette scène, épouvanté par le père qui reste de marbre quand sa femme se retourne vers lui dans une ultime et silencieuse supplique. « Mais quel salaud, me dis-je, quel salaud ! »

Nous roulons lentement, à cause des cahots et de la nuit, jusqu'à retrouver la route asphaltée, très loin après la sortie de la vallée. Kate s'est assise sur la banquette arrière où se trouvent déjà Yalda et sa mère. Installé dans le hayon, Afzal s'est réveillé peu après notre départ et serre un doigt de la main de Kate qu'elle lui tend par-dessus son siège avec un large sourire. L'enfant l'a identifiée instinctivement comme celle qui le soutiendra dans sa solitude nouvelle et les incertitudes qu'il pressent. Yalda, quant à elle, m'inquiète beaucoup. Elle semble épuisée de happer l'air pour respirer et j'ai peur, soudain, qu'elle abandonne sa lutte.

La nuit est profonde, la route droite, monotone. Je finis par somnoler, coincé entre Nadjib et Aghashrine, et flotte ainsi, jusqu'à Kaboul, entre veille et sommeil.

Dans ma torpeur, qu'accentue le chauffage tournant à fond dans la Nissan bleu pétrole, je ne sais plus si je rêve ou revis ma rencontre avec mes trois muses, trois femmes qui m'ont inspiré. C'est grâce à elles que l'idée d'un hôpital à Kaboul, rangée au rayon des illusions perdues dans un coin de ma mémoire depuis les années 1980, m'a de nouveau occupé l'esprit jusqu'à l'obsession. C'est à cause d'elles aussi que j'ai rompu ma promesse de ne plus jamais remettre les pieds en Afghanistan. Si je suis ici, avec ces deux enfants malades, dans cette voiture bringuebalante, sur une route filant droit vers Kaboul au milieu de la nuit, c'est de leur faute. Et je leur en suis infiniment reconnaissant.

* *
*

La comédienne Muriel Robin rentre chez elle, un dimanche soir d'octobre 2001, allume sa télévision pour le journal de 20 heures de TF1, et sa copine Claire Chazal apparaît à l'écran. La présentatrice lance un reportage qu'a réalisé Marine Jacquemin dans un camp de réfugiés de Peshawar. Une petite Afghane maigre, ravissante et fragile, travaille dans une briqueterie, chaque jour, de l'aube jusqu'au soir. Cette enfant, avec d'autres dont certains n'ont pas dix ans, passe des journées sous le soleil et dans la poussière, accroupie, les jambes pliées, avançant tel un petit canard au-dessus de longues rangées de briques qu'elle retourne une à une pour en faire sécher tous les côtés. Devant la caméra qu'elle regarde de ses grands yeux sombres, elle déclare, comme une évidence : « Il n'y a pas de lumière dans cette vie. »

Muriel bondit de son siège, outrée par tant de malheur.

À 20 h 32, Claire Chazal quitte le plateau du

journal qu'elle vient de présenter. Un assistant lui tend son portable.

— Claire, c'est Muriel Robin qui veut te parler. Ça a l'air urgent.

À l'appareil, la voix de Muriel.

— Allô Claire, ce reportage avec ces petites filles afghanes dans la briqueterie, c'est épouvantable ! Que pourrait-on faire pour les aider ?

— Je ne sais pas, répond Claire. Marine Jacquemin a peut-être une idée.

Deux jours plus tard, mes trois muses se retrouvent dans un restaurant. Seule Marine Jacquemin, qui a couvert de nombreux conflits, connaît l'Afghanistan. Elle s'y est rendue pour la première fois au début des années 1990, pendant la guerre civile entre moudjahidines, alors que Kaboul était détruite à quatre-vingt pour cent par les combats.

— Des centaines de petits orphelins vivaient dans des immeubles en ruine, raconte-t-elle à ses deux amies. Il faisait un froid abominable. Pour survivre, ces enfants grattaient la terre afin de récupérer et revendre le métal des obus. Parfois, ces obus explosaient, et les orphelins avec eux.

Muriel Robin repose pour la énième fois sa question :

— Mais que peut-on faire, Marine, pour aider ces petits ?

— Un orphelinat ? suggère Claire Chazal.

— À l'époque, j'ai pensé qu'il faudrait à Kaboul non pas un orphelinat, mais un hôpital pour les enfants, répond Marine. Leur santé est précaire, ils sont mal nourris. Beaucoup d'entre eux sont blessés, victimes de l'explosion de mines antipersonnel. Encore aujourd'hui, le pays en est truffé.

— Un hôpital pour les enfants afghans, répète Muriel. Voilà ce qu'on devrait faire.

— Mieux encore, intervient Claire, un hôpital pour les mères et les enfants. J'ai lu qu'en Afghanistan une femme en couches meurt chaque demi-heure.

— C'est vrai, confirme Marine. En plus, la santé des mères et celle des enfants sont étroitement liées.

— Eh bien, construisons un hôpital pour les mères et les enfants, conclut Muriel. Par quoi commence-t-on ?

— Il faudrait parler à des médecins, propose Marine. Je connais des toubibs qui ont une association, La Chaîne de l'Espoir. Ils ont déjà fait un hôpital au Cambodge et un autre au Vietnam, je crois.

— Il faut trouver des sous, aussi, dit Muriel. Ça doit coûter cher, un hôpital.

Claire reste un instant songeuse.

— Peut-être qu'avec TF1 on pourrait lancer un appel aux dons...

C'est ainsi qu'un beau matin d'octobre 2001, je me retrouve, en compagnie d'Alain Deloche, dans le bureau de Xavier Couture, à l'époque directeur de l'antenne de TF1. Il nous annonce qu'il est prêt à lancer un appel aux dons en faveur d'un hôpital pour les mères et les enfants afghans, auprès des téléspectateurs de la chaîne la plus regardée de France. Claire Chazal, Marine Jacquemin et Muriel Robin sont là, nous demandant avec enthousiasme d'apporter notre caution médicale à leur idée d'un hôpital à Kaboul. Je me dis : « Elles sont dingues. »

— C'est une idée déraisonnable, et pourtant, ça fait longtemps que je pense à la construction d'un tel hôpital. Mais comment voulez-vous le construire dans une ville totalement dévastée par vingt ans de guerre et quatre ans d'un califat taliban moyen-âgeux ?

— Justement, Éric, rétorque Muriel, s'il y a bien au monde un endroit qui a besoin d'un hôpital, c'est Kaboul !

— Oui, bien sûr, mais nous savons, pour en avoir ouvert au Vietnam, au Cambodge, au Mozambique, que pour édifier un hôpital, il faut des matériaux de construction, du ciment, des ouvriers qualifiés, il faut de l'eau potable, de l'électricité, des médicaments ! Il faut des médecins et du personnel spécialisé, un labo, de la radiographie...

— Éric, encore aujourd'hui, la ville est peuplée d'enfants blessés qui survivent dans les ruines, plaide Marine. Des femmes affamées mendient à genoux dans les rues. Les gens, tous les jours, sautent sur des mines. Je ne dis pas que ce sera facile de construire un hôpital, mais s'il était construit, il serait bienvenu.

— Vous qui êtes des médecins humanitaires,

ajoute Claire, vous qui avez risqué votre vie pour sauver celle des autres, vous ne pouvez pas ignorer aujourd'hui les malheurs des Afghans alors qu'ils viennent à peine d'être débarrassés des talibans.

Alain Deloche, jusqu'alors resté silencieux, se lance dans le débat avec son optimisme habituel.

— Ces dames ont raison, dit-il de sa belle voix de baryton. C'est une idée généreuse et c'est le bon moment. Si l'Afghanistan renaît, ce serait fantastique de participer à cette renaissance dans le domaine qui est le nôtre, celui des hôpitaux.

— Alain, dis-je désemparé, bien sûr, c'est une idée généreuse, mais tout ce qui est essentiel pour faire tourner un hôpital est introuvable en Afghanistan !

Il balaye mes objections d'un revers de main :

— Si on ne les trouve pas en Afghanistan, on ira les chercher ailleurs ! Ce sont des détails techniques, tout ça. On les réglera en temps voulu.

— Mais oui ! renchérit Muriel. Quand on veut, on peut.

Un ralentisseur à la mode afghane à l'entrée d'un village – de vieilles chenilles de chars soviétiques fixées dans l'asphalte qu'Aghashrine n'a pas vues – nous envoie au plafond. Je sors de ma rêverie et me retourne vers Yalda, qui semble dormir, et Afzal, que rassure Kate. Je me penche vers notre chauffeur. S'est-il endormi un instant lui aussi ? Le pauvre conduit depuis des heures. En guise d'excuses, il me fait un clin d'œil et un sourire penaud.

Je pense à ces deux enfants que j'emmène dans la nuit afghane, à bord de la Nissan bleu pétrole, direction Kaboul, sans même savoir ce qu'il me sera possible de faire pour les sauver. « Quand on veut, on peut », disait Muriel Robin. J'espère qu'elle a raison.

Le tourbillon de la vie

Avec un peu d'imagination, on peut accepter l'idée que cet endroit soit une station d'essence. Un sol huileux sur lequel reposent des moteurs désossés, une odeur de gasoil qui sature l'atmosphère, de vieux pneus entassés dans un coin, de gros bidons poisseux remplis de carburant, des entonnoirs en fer de toutes tailles, un pompiste d'une crasse effarante et une petite baraque en bois éclairée d'un néon palpitant dans laquelle un jeune homme ensommeillé vend du thé et des biscuits. Il est 4 h 30 du matin, dans un froid vif. Nous ne sommes plus qu'à une trentaine de kilomètres de Kaboul. Aghashrine et moi buvons un thé, adossés à la baraque. Dans cette ambiance parfumée au kérosène, la perspective d'être atomisé dans une grande boule de feu me traverse l'esprit quand je vois Kate nous rejoindre en allumant une cigarette. Étrangement, rien n'explose. Afzal dort ainsi que Yalda dans les bras de sa mère, et ce pauvre Nadjib, qui tombe de sommeil, pour ne pas embarrasser la maman en restant seul avec elle dans le huis clos de la voiture, en est sorti et discute avec le pompiste. Soudain, je sens la terre vibrer sous mes pieds. Un sourd grondement s'amplifie. Je pense à un tremblement de terre. C'est un convoi militaire qui s'approche à grande vitesse. Quatre véhicules blindés aux phares éblouissants arrivent à la hauteur de la station d'essence, l'artilleur dans la tourelle de la machine de tête pointe son arme dans notre direction, le vent puissant que génère le convoi nous enveloppe de poussière et nous fermons les yeux. Un instant plus tard, les soldats s'éloignent, le bruit des moteurs s'estompe. Ces énormes engins ne sont restées que quelques secondes dans notre champ de vision, mais leur apparition brutale, leur puissance, la menace potentielle qu'ils suggèrent, continuent à m'impressionner après qu'ils ont disparu.

Nadjib vient vers nous.

— Ce sont des Américains, m'a dit le pompiste.

Je regarde dans la direction du convoi, ses phares visibles au loin, une flaque de lumière dans la nuit.

— Toujours aussi délicats, ceux-là.

Kate émet un rire bref en entendant ma remarque.

La mère de Yalda sort de l'auto, sa fillette dans ses bras en pleurs, effrayée par le bruit.

— *Oh, my God !*

Kate court vers la voiture, ouvre le hayon d'un geste vif puis le referme doucement. Afzal ne s'est pas réveillé. Yalda s'est calmée et je m'approche de sa mère avec une tasse de thé qu'elle refuse. Kate s'adresse à elle à voix basse, l'éloignant de nous. Je la vois quelques instants plus tard lui tendre sa propre tasse de thé que la femme, cette fois-ci, accepte. Cette halte terminée, Aghashrine démarre en douceur et nous repartons vers Kaboul.

La maman de Yalda a relevé le voile de sa burqa pour parler avec Kate.

— Éric, sais-tu ce que veut dire Yalda ? me demande Kate.

— Non.

— « La nuit la plus longue de l'année ».

Je reste silencieux. Pour moi, c'est un prénom triste, de mauvais augure. Yalda va-t-elle un jour revoir la lumière, va-t-elle sortir de la longue nuit de son cœur malade ?

**
* **

Un soleil matinal éclaire le quartier de Karte Seh, à Kaboul, souvent qualifié de « résidentiel » pour abriter quelques nouveaux édifices d'un style pâtissier oriental, propriétés d'hommes d'affaires aux activités douteuses. Moktar, le gardien édenté, nous ouvre le portail de La Maison des Enfants, une grosse villa ancienne d'une architecture élégante et sobre, peinte en rose sous un toit de tuiles vertes, bordée d'un jardin planté d'un poirier et de rosiers entre lesquels trône une balançoire. Afzal est conduit au premier étage, dans la chambre que j'occupais deux nuits plus tôt – autant dire une éternité. Yalda est installée dans une autre, au même niveau, mais dans « l'aile des filles », elle aussi décorée de dessins de biches, de dauphins, de lapins. J'adore cet endroit qu'à La Chaîne de l'Espoir nous appelons tous « la maison de Kate », tous sauf Kate qui dit toujours : « la maison des enfants ». C'est un lieu qu'elle a imaginé, désiré, conçu dans les moindres détails, un refuge, l'asile de la dernière chance pour les parents les plus pauvres, ceux qui n'ont rien, pas même les quelques afghanis – la monnaie locale – permettant de payer l'autocar qui les conduirait de leur lointaine province à Kaboul pour y faire soigner leurs enfants. À cette heure matinale, tout est silencieux. Je descends l'escalier à pas de loup et pose mon sac près de l'entrée quand Kate sort de son bureau.

— Je prends une douche, lui dis-je, ensuite on se réunit pour décider ce que nous allons faire avec Afzal et Yalda.

Je parle bas, mais elle me répond d'une voix claire :

— Oui, Éric. Après un bon petit déjeuner : *breakfast is served in fifteen minutes !*

J'ai rencontré Kate pour la première fois au printemps 2002, à Kaboul, dans l'hôpital d'Emergency qu'elle avait rouvert après la chute des talibans. Rien ne semblait tenir debout dans cette ville, un immense chaos urbain de ruines dans lesquelles s'installaient des familles de réfugiés de retour au pays, rassemblées autour d'un brasero sous la seule protection de bâches de plastique bleu. Elle m'avait reçu avec un brin d'impatience et fait visiter son établissement au pas de course (quatorze minutes, montre en main !). Tout y était impeccable : un bloc opératoire sans défaut bien qu'assez ancien, des lits faits au carré, un personnel actif et même – chose émouvante dans cette ville couverte de gravat – un joli jardin agrémenté de fleurs de couleurs vives et de rosiers taillés. L'endroit était visiblement tenu d'une main de fer, celle que m'avait tendue cette grande blonde à mon arrivée.

— *Good morning, Dr Cheysson*, m'avait-elle lancé d'un ton sec, *my name is Kate Rowlands*.

À l'époque, je cherchais un directeur pour notre futur hôpital, alors virtuel, l'ébauche d'une idée, pour ne pas dire, comme certains, une aimable utopie. C'est une femme comme ça qu'il nous faudrait, avais-je songé en la quittant.

Un an plus tard, alors que l'élan de générosité du public était retombé, que tous les regards se détournaient de l'Afghanistan pour observer les événements d'Irak, nous avons obtenu le soutien de grands donateurs, parmi eux le groupe Bouygues. L'hôpital, désormais, n'était plus une utopie, mais un projet de quelque cinq millions d'euros, en cours de financement, et j'ai voulu revoir Kate pour lui proposer d'en assurer la direction.

Kaboul compte quelques bistrots cachés, fréquentés par les expatriés et tolérés par les autorités en échange, sans doute, d'un généreux bakchich. Leurs entrées, dépourvues d'enseigne, sont protégées par des murs de sacs de sable et des gardes armés jusqu'aux dents. Dans l'un de ces speakeasies à la mode kabouli – alcool, musique de jazz, lumières tamisées –, Kate m'a donné rendez-vous. Nous étions au printemps de l'année 2003.

En vraie fille de Liverpool, c'est un verre à la main et un clope aux lèvres qu'elle m'a parlé de sa vie d'infirmière humanitaire, d'Addis-Abeba à Kaboul, du Cambodge au Sud-Soudan. J'ai été séduit par son côté Sœur Emmanuelle buvant du gin-tonic et fumant des Marlboro. Gentiment mais fermement, elle a décliné mon offre d'emploi. Je n'en fus pas surpris.

— Éric, je ne suis pas venue en Afghanistan pour m'asseoir dans un bureau et jouer les managers, m'a-t-elle dit. La vie est courte, *my friend*, et je vais m'ennuyer. Je suis une femme de terrain, j'ai besoin du contact avec les gens. C'est ainsi que je suis heureuse.

J'ai répondu par une grimace désolée.

— Tu me comprends, Éric ?

— Oui, bien sûr, je te comprends. Autrefois, en France, on parlait des ronds-de-cuir pour désigner les employés de bureau. Je ne saurais pas te dire ça en anglais.

— Ronds-de cuir ?

— Oui, parce qu'ils restaient assis toute la journée sur une rondelle de cuir posée sur leur siège.

Kate fit rouler l'expression dans sa bouche avec un air gourmand.
— Ronds-de-cuir !
— Oui.
— Eh bien moi, je ne suis pas une ronde-de-cuir !

Je ris. Elle fit tinter son verre contre le mien et le vida d'un trait.
— Prenons un dernier gin and tonic et soyons bons amis.

Nous trinquâmes à nouveau et fûmes un peu pompettes. Depuis lors, nous sommes restés amis.

Quelques jours avant Noël de cette même année 2003, j'ai reçu à Paris un coup de fil de Kate. Elle rendait visite à ses vieux parents à Liverpool et me demandait si elle pouvait venir me voir début janvier. Je lui ai proposé une date et une invitation à dîner.

— D'accord, Éric. Ça me ferait plaisir d'aller au Train Bleu, Gare de Lyon, mon restaurant préféré à Paris.

Nous nous sommes donc retrouvés dans cet extraordinaire décor 1900, sous les peintures murales d'une Côte d'Azur d'avant l'invention du béton, avec, de notre table, vue sur les quais et les trains. Le garçon nous a demandé si nous désirions un apéritif. Comme il convient de respecter les rituels amicaux, j'ai commandé deux gin-tonics.

Kate me confessa ce qu'elle avait sur le cœur : Emergency ayant pour politique de faire régulièrement tourner son personnel à travers le monde, elle devait donc quitter Kaboul. Pour elle, il n'en était pas question. L'Afghanistan était devenu sa passion. Elle y avait bravé la mort, sauvé la vie d'enfants, trouvé des amis fidèles, un compagnon, une sorte d'équilibre, des causes à défendre, un vieux chien, des tonnes de souvenirs, tout un univers sentimental qu'elle ne voulait pas abandonner.

— Je cherche du travail à Kaboul, Éric, mais pas celui que tu m'as proposé, celui qui est... comment dis-tu déjà ?

— Rond-de-cuir ?

Elle éclate de rire.

— C'est ça, ce travail-là, je n'en veux pas. Mais je peux faire autre chose...

— À quoi penses-tu ?

— J'ai une idée pour t'aider à soigner gratuitement les pauvres.

— Mais nous allons les soigner gratuitement !

— Non, Éric. Tu le penses, mais tu n'en auras pas les moyens. Rien que de construire ton bel hôpital, ça va te coûter cher, n'est-ce pas ? Et après, comme tu le sais, un hôpital ne s'arrête jamais et dépense une montagne de fric tous les jours.

— Je sais, merci. Nous cherchons un partenaire qui nous accompagnera à long terme pour faire fonctionner l'établissement. J'ai pris contact avec la fondation de l'Aga Khan.

— Et que disent les gens de l'Aga Khan ?

— Ils proposent un système qu'ils appellent le
« *welfare* ». Il s'agit de faire payer les riches pour
proposer des prix modérés aux pauvres. Une stratégie « Robin des Bois », comme ils disent.

Elle rigole.

— Yes, Robin Hood... C'est bien gentil, Robin
Hood, mais ça ne règle rien. Ce qui te paraît être
un prix modéré sera ici, pour un pauvre, une
somme impossible à réunir. Je te parle de l'immense majorité des Afghans, Éric, des gens qui
n'ont qu'une chèvre pour tout capital, qui travaillent à la journée dans les champs de voisins
pour une misère, juste de quoi ne pas mourir de
faim. Ces gens-là ne pourront même pas faire le
voyage jusqu'à Kaboul, payer l'hôtel encore moins,
et les soins et les opérations, n'en parlons pas.

Après ce dur rappel à la réalité, je reste un
instant silencieux.

— Tu as une solution ?

— Oui. Joue à Robin des Bois, fais payer les
riches, et garde une part de cet argent pour acheter
aux plus pauvres les billets d'autocar, héberger à
Kaboul l'enfant malade et le parent qui l'accompagne, les nourrir, donner les médicaments
prescrits, s'assurer qu'ils sont pris comme il faut.

— Et comment organiser ça ?

— Il faut une maison.

— Une maison ?

— Oui. Il faut louer une grande maison dans
Kaboul pour accueillir enfants et parents jusqu'à
la guérison du petit malade. On l'appellerait La

Maison des Enfants. Si un jour elle existe, sois sûr d'une chose : dans le pays, tout le monde le saura très vite.

* *
*

Je sors de ma douche, tout ragaillardi. Au rez-de-chaussée, c'est « le tourbillon de la vie ». La Maison des Enfants s'est réveillée. Dans le grand salon, de petits garçons chahuteurs malgré leurs jambes plâtrées jouent aux autos tamponneuses avec leurs fauteuils roulants. D'autres font les escrimeurs avec leurs béquilles. Quelques-uns, plus malades, restent prostrés dans un coin. L'un d'entre eux est blotti dans les bras de son père assis sur le tapis, adossé au mur, à côté d'autres hommes. Ceux-ci sont les pères, oncles ou grands-pères des enfants, ils caressent leurs barbes blanches, noires ou roussies au henné tout en discutant entre eux, tournant les mains comme s'il s'agissait de moulins à prières. Une autre pièce plus calme abrite les petites filles et leurs mères qui ont enlevé leur burqa sur ordre de Kate, comme elles le feraient chez elles, contre la promesse d'être isolées des hommes.

Je m'approche de la cuisine et succombe à la délicieuse odeur de café frais et de toasts chauds. Je pousse la porte. Kate tient une poêle à la main.

— *Eggs and toasts, Eric* ?

J'ai une faim de loup. Nadjib et Aghashrine sont déjà assis et beurrent leur pain grillé.

— Tu es passé par le salon ? me demande Kate.

LE TOURBILLON DE LA VIE

— Oui.
— Tu as vu le garçon dans les bras de son père ? Ils sont arrivés hier. Le petit est très faible, une pneumonie sans doute, son père l'a amené ici dans une brouette, un voyage de trois jours.
Maintenant, j'ai moins faim.

Quinze minutes plus tard, nous sommes dans le bureau de Kate, sa petite pancarte *« Never give up »* posée sur la table et ce vers d'Henri Michaux me revient, « ne désespérez jamais, faites infuser davantage ». J'espère que le temps, cette infusion perpétuelle, ne jouera pas contre Afzal et Yalda. J'appelle Alexander Leis, jeune pédiatre de La Chaîne de l'Espoir, ancien interne de Necker, présent à Kaboul depuis que je l'ai nommé directeur médical de notre futur hôpital dont le chantier, en cet automne 2005, est presque achevé. Je voudrais qu'il vienne dans la journée faire un examen clinique plus approfondi que le mien, qu'analyses biologiques et radios peuvent compléter. J'évoque les médicaments dont nous aurons besoin, le matériel de perfusion pour Afzal, des bouteilles d'oxygène, aussi, pour soulager Yalda.

Je demande à Kate de revoir les deux enfants. Afzal est dans son lit, maigre, bouleversant de fragilité, vêtu d'un pyjama bleu immaculé trop grand pour lui. Il sent bon le savon, ses cheveux encore humides après la toilette ont été peignés en arrière, dégageant son large front et son visage émacié. Je regarde la chambre, les mouettes au plafond, le

Bambi aux longs cils sur la porte, et suis ému aux larmes de voir ce garçonnet ici, songeant qu'il aurait été condamné à une mort certaine si la nuit n'était pas tombée si tôt sur le Panshir, si notre voiture n'avait pas été bloquée par le caillou d'un torrent, si Nadjib ne nous avait pas dirigés vers ce village où habite son imposant cousin le Commandant. Pourvu que la chance, qui l'a abandonné un après-midi de septembre, accompagne à nouveau cet enfant jusqu'à sa guérison ! Dans sa chambre, Yalda est toujours veillée par sa mère Yasmina. Vêtue d'un pyjama rose, son thorax animé de mouvements rapides et saccadés, la fillette, dont les cheveux gardent le parfum d'un shampooing fruité, regarde sur le mur face à son lit un joli dauphin jaillissant de l'eau pour dire bonjour au pélican qui plane par-delà les vagues. J'ai honte en pensant à ma réticence à grimper le chemin muletier au-dessus de son école. Comment ai-je pu envisager de partir sans l'avoir vue ? La sauver est maintenant un défi, mais pourquoi viendrions-nous aider l'Afghanistan si tout y était facile ?

Devant la maison, Aghashrine m'attend au volant de la Nissan bleu pétrole, elle aussi fraîchement lavée.

— Nous allons voir Marcandella, lui dis-je.

Il me regarde, l'œil rigolard.

— Mister blam-blam-blam ?

Nous rions. Sa bonne humeur est contagieuse.

J'ai rendez-vous avec Jacques Marcandella, le chef du chantier de l'hôpital, une grande gueule, c'est vrai, comme on en fait peu. Il hurle, crie, râle, houspille ses ouvriers, certes, mais c'est un type au grand cœur, solide et fidèle, sacrément efficace sur un chantier difficile. Ce matin, j'ai un service à lui demander. Comme d'habitude, il va me répondre, avec son accent rocailleux : « Éric, tu sais que tu me les brises menu ? »

Ruines

Nous traversons Kaboul, ville blessée qui s'accroche à la vie, et chaque fois que je la vois, le même sentiment ambigu me saisit que je ne saurais définir, sinon par l'oxymore d'une affectueuse aversion. La capitale afghane est à la fois d'une laideur extrême et d'un charme émouvant. Ses plaies sont nombreuses : ruines et bâtiments grêlés par la mitraille, rues de terre défoncées, HLM soviétiques déglinguées. Les signes de sa convalescence sont tout aussi désolants : villas kitsch et voitures blindées, salles de noces ornées de néons, gymnases décorés d'affiches de catcheurs américains. La reconstruction se révèle un désastre architectural, une entreprise brutale, souvent menée rondement avec l'argent de la corruption, mais elle est aussi le fruit d'un irrépressible optimisme, le pari, un peu fou, d'un avenir heureux. Et voilà pourquoi la laideur de cette ville meurtrie m'émeut.

Les habitants de Kaboul participent à ce charme

difficile à définir. Ils survivent avec opiniâtreté et bonne humeur. Dans toutes les conversations auxquelles j'ai pu participer, c'est la gaieté, incongrue, qui m'a le plus surpris. Il existe, chez les Kaboulis, enfin libérés de la dépression talibane, une sorte de jovialité blagueuse, une volonté constante d'établir un rapport cordial et égalitaire avec l'étranger que je suis, et le rire joue le rôle de brise-glace. La peur demeure, bien sûr, mais la volonté d'un renouveau aussi.

Un vendredi, jour de congé, j'ai vu dans les jardins où repose le corps de Bâbur, empereur moghol qui conquit la ville et en chanta les délices, des hommes danser au son de tambourins. Les terrains vagues qui entourent l'ancien palais royal de Darulaman – une ruine imposante d'inspiration versaillaise criblée d'impacts d'obus – sont autant de terrains de football improvisés. Deux soldats gardent la bâtisse derrière un mur de sacs de sable et regardent des jeunes garçons de leur âge s'amuser en contrebas. Depuis leur poste, ils entendent les rires et les cris des joueurs et sourient quand un but est marqué. Bref, Kaboul est bien vivante, malgré tous ses malheurs, les traumatismes du passé et l'étouffoir des plaisirs que fut le règne taliban, si récent encore que le souvenir en reste vif. Le mollah Omar et ses sbires islamistes avaient interdit la musique, les chants, la danse, le marché aux oiseaux, les images de représentations humaines – des censeurs zélés étaient allés jusqu'à couvrir d'un gros coup de feutre noir la photo d'un bébé joufflu sur des bouteilles de shampooing d'importation ! Plus un seul visage féminin dans les rues, non plus, seules des milliers de burqas bleues comme autant de silhouettes fantomatiques flottant dans la ville, plus rien qui pourrait évoquer le plaisir ou l'amour, rien, sinon la tristesse et la brutalité. Dès lors, les chansonnettes que diffusent les transistors dans les boutiques m'enchantent, de même que les photos de pulpeuses starlettes de Bollywood aux devantures des salons de beauté. Cette vie, ces activités me touchent comme les signes d'une renaissance, ces échoppes qui envahissent les ruines, ces réparateurs de vélos à tous les carrefours, ces scribes publics devant les ministères, ces menuisiers présentant placards et lits d'enfants sur les trottoirs en terre, ces étameurs de bidons accroupis sur leur ouvrage, ces coiffeurs en plein air, ces boulangeries décorées d'ampoules électriques de couleur qui font penser, le soir, à des baraques foraines.

Aghashrine se faufile dans le trafic intense d'une rue très commerçante. Nous passons devant un hammam et j'aperçois un vieux sur le seuil, seulement vêtu d'une serviette de bain nouée autour des reins, qui rit avec un gamin de voir son corps fumer dans l'air froid du matin. Le poissonnier cloue ses poissons sur des planches, de grosses carpes argentées présentées verticalement au chaland dans la poussière de la rue et qui pendent, brillantes, bien alignées, comme les décorations d'un vétéran sur le plastron de son uniforme. Son voisin le boucher pose, sur le talus boueux qui sert ici de chaussée, les têtes de mouton et de bœuf qu'il vient de couper. Dans sa boutique, un animal décapité est accroché au plafond par les pattes arrière. Son sang noir s'écoule lentement dans un seau de plastique bleu tandis que les clients, à l'étal, choisissent tranquillement leur morceau.

La voiture s'extirpe du chaos de cette zone du bazar, s'engage dans une large avenue sur laquelle ondulent des cyclistes. Ils évitent les nids-de-poule, pédalent avec indolence, insoucieux des voitures et des camions qui les frôlent. Puis Aghashrine vire à droite, dans une petite rue escaladant une montagne, et voici, enfin, le chantier de l'hôpital.

Chaque fois qu'apparaît le bâtiment de l'hôpital, à la sortie du dernier virage de la rue, j'éprouve le même mélange de joie et d'étonnement. Il existe, même s'il est encore inachevé, et j'en suis toujours incrédule. Avec ses trois niveaux, qu'il reste à peindre en beige, je le trouve beau, simple et fonctionnel. À chacun de mes voyages à Kaboul, tous les deux ou trois mois, la construction évolue, se précise, s'affirme, nous en sommes maintenant aux derniers détails. Derrière un échafaudage s'ébauche sur un mur une grande fresque d'une dizaine de mètres de haut représentant une mère afghane et son enfant, dessinée d'après une photo de mon ami Bernard Matussière. Elle ornera la façade de l'entrée. Nous en sommes donc, déjà, à l'esthétique des lieux. Les peintres ont tracé le dessin, l'un d'entre eux passe un fond bleu sur ce qui sera la burqa de la mère. En regardant cette fresque, je pense à Yalda, dans les bras de sa maman Yasmina, et suis profondément désolé de ne pas pouvoir conduire cette enfant aujourd'hui même au bloc opératoire pour réparer son cœur. À cause de Yalda, à cause d'Afzal, je suis impatient, bien sûr, mais je sais bien, cependant, que ce chantier va vite. Autour de moi, une multitude d'ouvriers, de peintres, de plombiers semblent savoir précisément ce qu'ils ont à faire, où et comment l'accomplir. Je ne connais pas grand-chose de la théorie du chaos sinon qu'un désordre est souvent plus organisé qu'il n'en a l'air, même si son harmonie reste invisible au profane. Sur ce chantier, il en est ainsi : une cacophonie mélodieuse, une cohue sans bousculade, une chorégraphie déroutante et néanmoins précise dans laquelle aucun geste n'est inutile. Franchement, c'est un prodige. Il est dû à un seul homme, Mister blam-blam-blam, comme le surnomme Aghashrine le facétieux, Jacques Marcandella, une armoire à glace, un profil d'empereur romain, cuir tanné, crâne rasé, verbe haut et chemisette à manches courtes. C'est l'un des « Bouygues' boys » les plus aventureux du groupe pour lequel il travaille depuis trois décennies. Il va de pays bizarres en nations compliquées, tel un mercenaire du béton armé, construit des écoles maternelles en Afrique ou des palais de despotes en Asie centrale, suivi à chaque voyage par son fidèle cuisinier philippin. Je me rappelle le tout premier jour de ce chantier à Kaboul, en juillet 2003, ces traits tracés à la craie blanche sur le sol et la bousculade des candidats à l'embauche pour la construction du bâtiment. Je me souviens d'avoir appelé à Paris, très ému, mes trois muses, Claire Chazal, Marine Jacquemin et Muriel Robin, et de leur avoir dit : « Ça y est, ça y est, c'est parti. »

Décembre 2001

L'ancien hôpital Ali Abad est une carcasse de pierre, énorme et encore majestueuse, que soutiennent des colonnes grêlées par la mitraille. Sans toit ni portes ni fenêtres, le lieu est peuplé de dizaines de miséreux transis et affamés. Le bâtiment se trouve au pied d'une montagne sur laquelle s'accrochent déjà des bidonvilles. Devant lui, un vaste terrain vague où gisent des lits rouillés et les restes d'une ambulance. Ce terrain, sur lequel sera plus tard édifié notre hôpital, a été découvert par une amie afghane, Nilab Mobarez, une femme généreuse, débordant d'énergie, qui passe souvent de la colère noire au sourire radieux. Elle nous a soutenus avec une amitié sans faille et un patriotisme ardent[1].

Réfugiée en France depuis 1989, Nilab était médecin urgentiste dans mon hôpital de Pontoise. Dès que j'ai su, à l'automne 2001, que nous allions nous lancer dans cette aventure de Kaboul, j'ai pris contact avec elle. Aux côtés de Marine Jacquemin et de Muriel Robin, elle fut, un foulard sur les cheveux, l'Afghane des spots télévisés de TF1 faisant appel aux dons du public français. Dès la fin novembre, moins de deux semaines après la chute des talibans, Nilab, vêtue d'un chic tailleur prince de galles assez exotique à Kaboul, rentra dans son pays qu'elle avait quitté douze ans plus tôt. Je lui avais donné pour mission de nous représenter auprès des nouvelles autorités afghanes, de nous aider à trouver un terrain et les autorisations nécessaires à la construction d'un hôpital.

Un mois plus tard, je pars la rejoindre en compagnie de mon ami Dominique Jan, compagnon de longue date de La Chaîne de l'Espoir, professeur

---

1. C'est à cause de ce patriotisme que Nilab nous abandonnera pour se présenter à l'élection présidentielle d'octobre 2004, comme vice-présidente du « ticket » – selon l'expression américaine – du candidat Homayann Shah Assefi, beau-frère de l'ancien roi Zaher Shah. Ce premier scrutin que connaît le pays donnera la victoire à Hamid Karzaï, avec 55,4 % des suffrages.

de chirurgie pédiatrique à l'hôpital Necker. Lorsque nous embarquons, à Islamabad, dans l'un des petits avions de l'ONU – le seul lien aérien, alors, avec Kaboul – je suis pétri d'angoisse à l'idée de retourner dans ce pays qui m'a fait vivre de si grandes peurs voici deux décennies.

Kaboul, en ce mois de décembre 2001, est totalement dévastée. Plus rien n'a l'air de tenir debout. La ville respire la misère, la poussière, mais aussi une certaine allégresse. De jeunes garçons sourient aux visiteurs, des hommes se font raser la barbe, on entend de la musique et des rires d'enfants. La capitale en ruine qui fut, jadis, boisée semble écrasée par la lumière hivernale, sans une ombre dans l'air glacé. Ses arbres ont disparu, coupés par les habitants, durant toutes ces années de guerre, pour se chauffer.

Nilab nous accueille dans une demeure ancienne qui a connu des temps plus heureux. À l'intérieur règne un froid intense. Éclairés par des torches électriques, nous nous serrons autour d'un vieux poêle.

— Il y a quelques jours, je suis allée voir l'hôpital Ali-Abad, dans lequel j'ai travaillé autrefois, nous dit-elle. Vous n'imaginez pas dans quel état il se trouve. C'était une bâtisse splendide, le plus bel établissement de la ville, géré par les Hospices civils de

Lyon, la vitrine de la médecine française à Kaboul. Maintenant, c'est une ruine peuplée d'indigents.
— Pourrions-nous le réhabiliter ?
— Non, Éric, je ne crois pas. Ce serait probablement trop cher et compliqué. Mais devant l'Ali-Abad se trouve un terrain qui semble abandonné. Demain, nous allons visiter les hôpitaux de la ville, et après, je vous le montrerai.

*
* *

Nous visitons donc, le lendemain, les principaux établissements hospitaliers de la ville. Devant tant de dénuement, de désarroi, de souffrances, nous passons en silence, effarés, tristes et compatissants, dans des couloirs et dortoirs envahis par le froid dans lesquels agonisent des malades sans soins faute de médicaments. Nos collègues afghans nous disent leur désespoir d'être aussi impuissants et notre certitude grandit qu'il faut agir.

La visite de l'unique hôpital pédiatrique de Kaboul, l'Indira-Gandhi, s'avère la plus éprouvante. S'il offre le même terrible spectacle de dénuement que les autres hôpitaux, là les malades sont des enfants, maigres, les regards éteints, résignés, mourant de faim et d'hypothermie. Deux ou trois petits, souvent, se partagent le même lit. Fenêtres sans vitres, plomberie éclatée sous le gel, armoires à pharmacie depuis longtemps pillées. Un tel froid y sévit qu'en touchant une pièce de métal, elle colle aux doigts. Nilab pleure les malheurs de son pays et de ses compatriotes. Dominique et moi partageons son désarroi. En fin de journée, quand nous apercevons sur sa colline la ruine du vieil Ali-Abad, le découragement l'emporte.

Nous sommes assis tous les trois sur un talus, dans le dernier rayon du soleil d'hiver qui décline vite, face à ce squelette architectural. Nilab, des larmes sur les joues, est effondrée. À voir son chagrin, à observer cette ruine, je me sens, soudain, totalement découragé. Devant tant de déglingue, je me demande de nouveau si cette idée d'un hôpital à Kaboul n'est pas une illusion, un mirage humanitaire. Nous prétendons installer la modernité dans un pays encore enfermé dans la gangue du passé, dont les mœurs et les lois se réfèrent aux temps anciens de la vie du Prophète.

— Regardez, dit Nilab, nous invitant à nous retourner, voici le terrain dont je vous ai parlé.

Je ne vois qu'un dépotoir. La seule pensée d'y édifier un hôpital m'apparaît aberrante. Comment reconstruire sur de tels vestiges, comment même construire quoi que ce soit dans ce chaos urbain qu'est Kaboul ? Je m'apprête à descendre du talus vers cet espace en friche, comptant l'arpenter à grandes enjambées pour en mesurer approximativement la surface.

— Attention, Éric ! me crie Nilab. Le sol n'a pas encore été déminé.

Je reviens sur mes pas, m'assoit à nouveau à côté de Dominique, ce grand type que j'admire, son visage émacié et son élégance naturelle. Il est l'un des génies de la chirurgie infantile, grand spécialiste de la greffe du foie chez l'enfant. Il allume une cigarette et semble réfléchir, regarde la surface qui s'ouvre devant nous, comme s'il la mesurait, lui aussi.

— Il n'est pas si mal, ce terrain.
— Tu trouves ?

Pensif, il reste silencieux, tire une bouffée de sa cigarette.

— Dans les naufrages, Éric, on dit toujours « les femmes et les enfants d'abord », non ?
— Euh... Oui, peut-être. Et alors ?
— Eh bien, on pourrait commencer par les enfants. Les enfants, c'est l'avenir du pays. Donc le plus urgent.

Nilab et moi l'écoutons, méditatifs.

— Après, une fois cet hôpital construit, poursuit Dominique, on s'occuperait des mères. Et si on y arrivait, on aurait fait l'essentiel.

Je ne sais trop pourquoi, mais le courage me revient. Je suis soulagé que Dominique, dans ce décor d'apocalypse, balaie ma déprime d'un revers de main. Grâce à lui, je regarde à nouveau cet espace qui s'ouvre devant nous, tente de faire abstraction de son état lamentable, de la ruine qui le domine, du chaos de la ville qui l'entoure, de l'insécurité générale qui règne encore dans ce pays. C'est vrai qu'il n'est pas si mal que ça, après tout, ce terrain. Et si nous limitions notre effort aux enfants, dans un premier temps, nous pourrions sans doute y édifier un établissement de taille modeste, certes, mais suffisant pour soigner et sauver des vies, transmettre nos savoirs à nos confrères afghans, tirer l'ensemble de la médecine locale vers le haut. Tout à l'heure accablé, me voici à nouveau optimiste.

Je regarde Dominique et, moi qui ne fume pas, qui connais, comme chirurgien vasculaire, les dangers du tabac, je prends sa cigarette entre mes doigts et en tire une longue et voluptueuse bouffée.

Le soir, nous réveillonnons dans la maison de Nilab, bien décidés à saluer honorablement l'année qui s'achève. Nous avons apporté de Paris des chocolats, une boîte de foie gras et une bouteille de sauternes.

Notre hôtesse allume des bougies, pose dans un plat de grandes galettes de pain chaud.

— Nilab, tu as un tire-bouchon, s'il te plaît ?

— Ah non, désolée.

— Tu n'as pas de tire-bouchon !

— Non, Éric, excuse-moi, mais je suis musulmane, je ne bois pas d'alcool.

— As-tu un grand couteau, alors ? lui demande Dominique.

— Oui, tiens.

Elle lui tend un gros couteau de cuisine.

— Qu'est-ce que tu vas faire avec ce couteau ?

— Je vais sabrer le sauternes, mon cher Éric. Avec grâce et élégance, comme dans les grandes maisons.

— Mais Dominique, ce n'est pas du champagne.

— On s'en fout. Sabrons-le quand même.
— Tu crois ?
— Mais oui, tu vas voir.

Armé de son couteau, Dominique frappe le col de la vénérable bouteille, laquelle se brise en mille morceaux, libérant le vin qui se répand sur le tapis.

Je pousse un long cri de désespoir.

— Oups ! murmure Dominique.
— J'ai du Coca-Cola, si vous voulez, dit Nilab en riant.

Je suis outré.

— Du Coca ? Avec du foie gras ? !

Elle ouvre trois cannettes. Résignés, nous trinquons.

— Bonne année !

Elle commence mal, celle-là.

En fait, elle se passera plutôt bien, cette année 2002, même si les troupes américaines et leurs alliés cherchent toujours, sans le débusquer dans ses nombreuses grottes, Osama Ben Laden. Une *Loya Jirga*, sorte de vaste concile des anciens, représentant les principales tribus du pays, se réunit le 13 juin à Kaboul et élit pour une période de dix-huit mois un aristocrate pachtoune, Hamid Karzaï, à la tête de l'exécutif du pays. Élégant moudjahid, sans doute aussi le mieux éduqué d'entre eux, il est le préféré des Américains. Viendra ensuite le moment d'organiser des élections démocratiques.

AU CŒUR DE L'ESPOIR

Je reviens en juillet 2002 à Kaboul, accompagné d'Alain Deloche, son air de patriarche, sa belle voix, ses yeux légèrement bridés et son grand nez de travers, comme s'il avait souvent boxé les importuns durant sa jeunesse. Avec nous, mon ami Bernard Matussière, un air de petit lutin sous une tignasse de cheveux frisés. Photographe, il a fait une belle carrière dans la publicité, avec des images de jeunes filles dénudées, notamment pour les lingeries Aubade (« leçon numéro 1 : donnez-lui le vertige », disait la légende d'une admirable chute de reins ou d'un décolleté plongeant, je ne sais plus). Depuis quelques années, il prend, bénévolement, des photos pour La Chaîne de l'Espoir, très émouvantes aussi, bien que dans un tout autre genre.

Nilab m'annonce qu'entre mes deux voyages à Kaboul, elle a fait mesurer le terrain au pied de l'Ali-Abad. Sa surface est de quelque dix mille mètres carrés, plus que je ne l'imaginais, et il appartient au ministère de l'Éducation supérieure. Devenu l'un des directeurs du ministère de la Culture, le père de notre amie peut arranger bien des choses.

Grâce à lui, nous obtenons une audience avec le président Karzaï, ce qui nous ravit, malgré un petit problème d'ordre vestimentaire. Prêts à affronter la fournaise de l'été afghan, nous sommes arrivés à Kaboul en jean et chemisette, avec pour seul bagage un sac à dos de collégien. Vêtus comme des routards, nous pénétrons donc, impressionnés mais sans protocole, dans le palais présidentiel gardé par une armée de soldats américains prêts à soutenir un siège. Nous foulons d'épais tapis rouges dans une enfilade de pièces fraîches et lambrissées de bois sombre et Karzaï apparaît, mince, élancé, majestueux, coiffé d'une toque d'astrakan, un châle jeté sur les épaules.

— Monsieur le Président, annonce Alain Deloche avec aplomb, nous voulons vous présenter notre projet d'hôpital pédiatrique à Kaboul.

Je prends le relais.

— Ce projet renouera les liens traditionnels et anciens qui unissent la médecine française et l'Afghanistan.

— Nous avons une vaste expérience de la construction d'hôpitaux, reprend Alain. Au Cambodge, au Vietnam...

— L'hôpital de Kaboul répondrait bien sûr aux normes internationales les plus exigeantes. Il permettrait la formation d'une nouvelle génération d'infirmiers, de médecins et de chirurgiens.

Karzaï nous écoute en silence, l'air un peu las, puis nous répond, dans un excellent français :

— Vous savez, messieurs, si toutes les promesses qui me sont faites dans ce palais sont tenues, Kaboul sera bientôt encore plus belle que la rue de Rivoli.

Je lui remets un dossier hâtivement rassemblé qu'il prend et nous remercie.

— Très bien, conclut-il. Je serais heureux que ce

beau projet aboutisse. Vous pouvez compter sur le soutien de mon administration.

* *

Après cela, tout va vite. À Kaboul, Nilab débroussaille pour nous le maquis des règles administratives afghanes. Près de Paris, Alain, Marine et moi errons un matin en voiture dans la ville nouvelle de Saint-Quentin-en-Yvelines à la recherche du siège social du groupe Bouygues, un ensemble d'immeubles baptisé « Challenger » au cœur d'un parc manucuré. À l'entrée, un buste de Francis Bouygues, le défunt fondateur de l'empire ; face à nous, assis à la table d'une salle à manger privée, son fils Martin, un homme aimable au visage rond. Il écoute notre histoire et annonce au dessert qu'il va nous aider.

* *

Tout démarre vraiment au printemps 2003 du côté d'Achgabat, glorieuse capitale du Turkménistan, au nord de l'Afghanistan. Là, Jacques Marcandella achève un chantier pharaonique que gère Bouygues pour le compte du dictateur local, Gourbangouly Berdymoukhamedov, fils du « Grand Turkmenbachi », qui n'était pas, lui non plus, un fervent démocrate : posée au sommet d'une tour de la ville, sa statue plaquée or suit, tel un gros tournesol, la rotation du soleil.

Je n'ai jamais mis les pieds à Achgabat, mais en

lisant *Bakou, derniers jours*, de l'écrivain Olivier Rolin, je devine qu'il s'agit d'un lieu assez baroque : « Des tours de marbre blanc qui ont l'air de sucriers coiffés de dômes ou de pyramides multicolores bordent des avenues désertes, larges comme des pistes d'aviation. Énormes fioritures, frontons toc, colonnades, chapiteaux dorés, balustres, mignardises mastoc, verre miroir (...) Une espèce de paradis islamo-Disneyland, une rêverie de dictateur. En grande partie construite par Bouygues, dont les grues tournent sur l'horizon[1]. » C'est de là que vont partir une noria de camions chargés des matériaux nécessaires à la construction de l'hôpital de Kaboul. Il s'agit d'un long voyage – 1 800 kilomètres – dont l'itinéraire forme une large boucle qui contourne, depuis Herat, une ville au nord-ouest de l'Afghanistan, les massifs montagneux du centre du pays, pour rejoindre au sud-est, à travers les champs de pavot, Kandahar, ancienne capitale de l'Arachosie que fonda Alexandre le Grand. Après quatre jours de route, les camions, couverts de poussière et soufflant de toutes leurs soupapes, arrivent enfin à Kaboul, plus au nord. Ils déchargent, sous la garde de soldats, leur cargaison au bord du terrain déminé, au pied de la ruine, sous les yeux ébahis des Kaboulis qui n'avaient plus vu de sacs de ciment depuis trop longtemps.

Marcandella entre alors en scène. Il embauche

---

1. *Bakou, derniers jours*, d'Olivier Rolin, Le Seuil, Paris, 2010.

des candidats afghans dont la bonne volonté est immense, tout comme l'incompétence. Joignant le geste à la parole, le chef de chantier leur explique, en français et d'une voix de stentor, les rudiments du métier, les tâches à accomplir. Les hommes ne comprennent pas un mot de son discours, mais suivent, attentifs, ses leçons et se mettent au travail. Le patron observe, houspille, félicite, corrige, donne le rythme – « blam blam blam ! » – et le bon outil. Tel un vieux de la coloniale en « mission civilisatrice », il distribue les rôles, forme des équipes, promeut à leur tête les plus habiles et leur assigne des surnoms improvisés et généralement peu flatteurs – traîne-savate, casse-bonbons, nain de jardin, tête de nœud, duschnock. Entre rires et coups de gueule, les ouvriers afghans finissent par reconnaître leurs surnoms et comprendre ce que l'on attend d'eux. Au fil du temps, assurance et professionnalisme s'installent, et même, comme souvent à Kaboul, la gaieté.

Octobre 2005

Alors que, sur la fresque, le peintre continue de couvrir de bleu la burqa de la femme, je cherche Marcandella. À l'entrée débouche soudain Martial Quillet, son acolyte chez Bouygues. Petit, calme et courtois, il apparaît comme l'exact opposé de l'homme avec lequel il travaille depuis des années. Tous deux me font penser à Laurel et Hardy.

— Il est par là-bas, me dit-il avec un geste vague et un sourire en coin. Tu vas l'entendre.

Et c'est vrai. Au détour d'un couloir, j'entends : « Putaing, c'est quoi ce bizness ! » C'est ainsi que je trouve Jacques, grâce au son de sa voix, dans ce qui sera, bientôt, la salle de réanimation. En grande discussion avec deux électriciens afghans, il est manifestement en désaccord avec eux sur le passage d'une gaine électrique. Pas besoin d'interprète pour comprendre son mécontentement. J'interromps sa péroraison outragée et lui dis que j'aimerais le voir. L'air accablé par de telles exigences, il soupire.

— Bon. Éric, dans quinze minutes dans ma cabane, ça te va ?

Ça me va. Sa « cabane » est une petite baraque en bois, une sorte d'abri de jardin climatisé, mitoyenne de l'hôpital et qui lui sert de bureau depuis le début du chantier. Je profite de ce quart d'heure d'attente pour faire un tour rapide du bâtiment. Par tropisme professionnel, je commence par le bloc opératoire, ses quatre salles, magnifiques, spacieuses, plus belles encore que celles de mon hôpital de Pontoise. Les lampes scialytiques et les tables d'opération attendent d'être fixées au plafond ou au sol. J'ai l'impression que l'on prend du retard avec la climatisation du bloc, un système complexe car il nous faut maintenir l'air en surpression légère afin d'empêcher la poussière – omniprésente à Kaboul – de pénétrer dans les salles. Le spectacle de tous ces câbles, ces gaines, ces canalisations non encore connectés me laisse entrevoir le chemin à parcourir avant que ce bloc ne soit opérationnel. Au premier étage, les chambres d'hospitalisation sont encore vides de meubles, mais j'ai vu, dans la cour, des lits et des berceaux dans un grand containeur ouvert, prêt à être déchargé. Les enduits et les peintures sont terminés dans le laboratoire de biologie et d'hématologie, mais le couloir pour y accéder est un capharnaüm de machines, de centrifugeuses, de réfrigérateurs neufs. Le scanner, appareil totalement inédit en Afghanistan, n'est pas encore livré.

Je me souviens des polémiques déclenchées par l'annonce de ce projet d'un hôpital de niveau international à Kaboul. Pour beaucoup, c'était un peu trop beau pour pareil pays, un peu trop cher, aussi. Ce débat m'exaspère. Comment oser dire que ce qui est nécessaire pour sauver un enfant malade à Chambéry serait trop dispendieux pour un gosse de Kaboul ? Pourquoi la médecine humanitaire devrait-elle être pratiquée au rabais sous prétexte qu'elle s'adresse à des pauvres ? À vrai dire, la médecine humanitaire, à mes yeux, est un pléonasme. La médecine, c'est la médecine. Elle se passe d'adjectif et ne traite que de l'humain. Évidemment, on nous a pris pour des aventuriers et je dois dire que ceux qui trouvaient notre projet déraisonnable n'avaient pas tort : il était déraisonnable. Aujourd'hui encore il porte en lui ce grain de folie qui lui a donné la vie. Mais la médecine

Cette fillette souffre d'une dramatique pathologie cardiaque assez fréquente chez les enfants afghans. Jusqu'à l'ouverture de notre hôpital à Kaboul – le premier à pratiquer des opérations à cœur ouvert en Afghanistan – , ces « enfants bleus » (dont les lèvres et les doigts prennent une teinte bleutée en raison du manque d'oxygène dans leur sang) étaient condamnés à mourir à l'issue d'une longue asphyxie. C'est pour cette enfant, pour Yalda, mais aussi pour Mozamel et tous les autres que nous avons, envers et contre tout, réalisé ce projet fou d'un hôpital ultramoderne dans un pays ravagé par des années de guerre.

Corvée d'eau, ruines et reconstruction. Au lendemain de la chute des talibans, les allées et venues de ces gamins constituent une vision quotidienne sur le chemin qui domine l'hôpital. Malgré les difficultés, on sentait à Kaboul l'énergie et l'optimisme.

L'emplacement du futur hôpital, aplani en 2003 par l'équipe de Bouygues. Quand nous l'avons découvert, en décembre 2001, c'était un terrain vague jonché de détritus, d'une carcasse d'ambulance et de quelques lits rouillés. Il était même encore miné. Il nous a fallu beaucoup d'imagination pour croire qu'il était possible d'édifier dans ce chaos un hôpital aux normes internationales.

À l'entrée du chantier, en mars 2003, deux images du futur hôpital. L'utopie devient, petit à petit, réalité.

Le jour de la pose de la première pierre par Bernadette Chirac, le 24 mai 2003 : de gauche à droite, un mécène, un chirurgien et un saint homme : Martin Bouygues, moi-même et le père Pierre Ceyrac. Le premier a financé la construction du bâtiment de l'hôpital et le troisième est un ami cher à La Chaîne de l'Espoir, qui a consacré sa vie aux enfants.

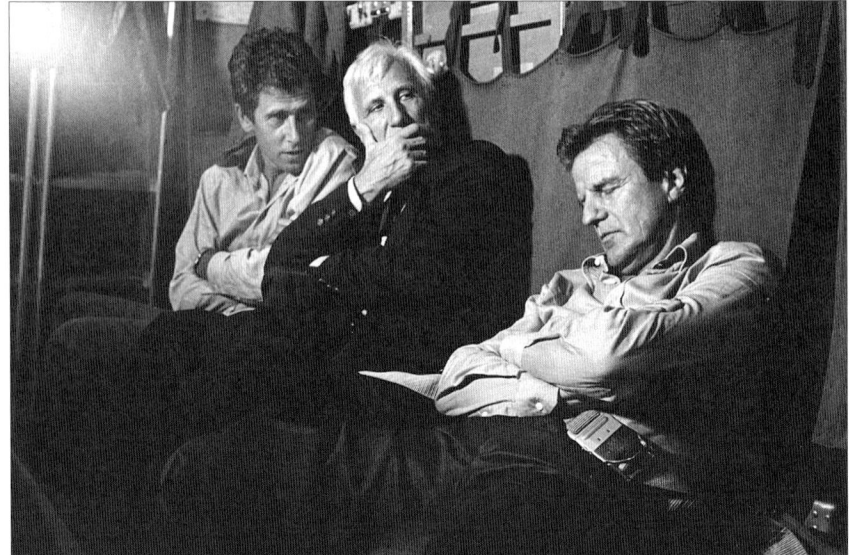

Je regarde avec Alain Deloche (au centre) dormir notre vieil ami Bernard Kouchner dans un avion militaire. C'est grâce à Bernard, fondateur de Médecins du Monde, que je me suis engagé dans l'action humanitaire. C'est également à Médecins du Monde que j'ai rencontré Alain, chirurgien cardiaque renommé, avec lequel j'ai noué une amitié sans faille qui nous unit encore aujourd'hui.

L'aventure de l'Hôpital Français à Kaboul plonge ses racines dans l'épopée des French doctors.
À gauche : Avec Bernard Kouchner, au chevet d'un patient dans la cale de l'*Île de Lumière*, mer de Chine, avril 1979.
À droite : J'opère la main d'une femme blessée par une mine, Afghanistan, juillet 1980.

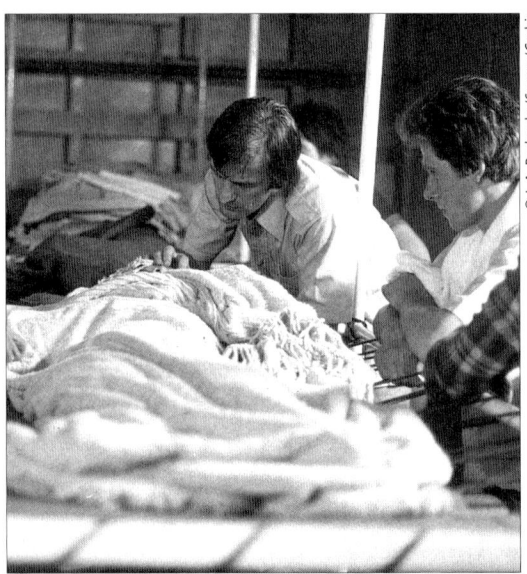
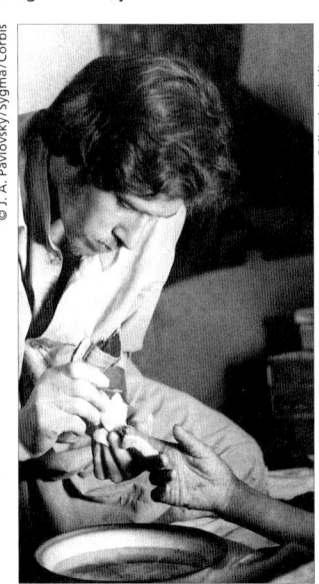

Je félicite Jacques Marcandella, le chef de chantier de Bouygues, sous le regard amusé de la journaliste Marine Jacquemin et de Muriel Robin, qui nous fait visiter fin 2005 l'hôpital pratiquement terminé. C'est en regardant sur TF1 un reportage de Marine sur les enfants afghans des camps de réfugiés de Peshawar, au Pakistan, que Muriel a épousé la cause de notre hôpital. Avec la journaliste Claire Chazal, Muriel et Marine ont été « mes trois muses ». Leur talent, leur énergie hors du commun, m'ont continuellement inspiré, aidé et donné du courage.

Alain Deloche avec Nilab Mobarez à Kaboul. Nilab, médecin afghan réfugiée en France, était revenue dans son pays en 2001, après douze ans d'exil. Elle joua un rôle considérable pour l'hôpital au moment des premiers appels de fonds en France, puis au cours des démarches avec la nouvelle administration afghane.

La vallée du Panshir, un écrin de verdure enserré de montagnes. Son accès est si étroit que ses habitants n'ont jamais connu d'invasion. Pour cette raison, on la surnomme parfois la « vallée des Insolents ». C'est dans deux villages de cette splendide région que nous avons rencontré les premiers enfants opérés de l'histoire de notre hôpital : Afzal et Yalda.

Une famille dans un village du haut Panshir. Ici, comme dans toutes les régions d'Afghanistan, abandonner un enfant aux mains d'étrangers, même quand il s'agit de sauver sa vie, n'est pas une décision facile pour les parents. On rencontre souvent une grande réticence à l'égard d'opérations complexes qui leur sont totalement inconnues et sans doute incompréhensibles. La culture et la tradition vont aussi à l'encontre d'un tel voyage si l'un des parents n'est pas en mesure d'accompagner l'enfant…

Moment de doute et de réflexion dans une maison du haut Panshir. Comment un père afghan peut-il refuser à son épouse qu'elle accompagne son enfant malade à Kaboul ?

est une science universelle et nous qui avons le savoir-faire, les connaissances, les techniques et le matériel, nous ne pouvons pas en priver les Afghans. À quel titre le ferions-nous ? L'asepsie n'a pas de frontière, la chirurgie cardiaque ou l'orthopédie non plus. À Kaboul, Afzal et Yalda ont le droit d'être soignés comme le sont en Europe nos propres enfants.

Je retrouve Jacques, soucieux, dans son petit bureau, penché sur un plan du sous-sol.

— Ah, Éric, puisque tu es là, sache qu'il me faut deux régulateurs de plus pour la radio et le scanner.

Je suis à cent lieues de ces problèmes électriques, mais devine qu'il va falloir encore trouver dix ou douze mille euros pour financer ces machines.

— Bon, j'en prends note, Jacques, mais je voudrais que tu m'écoutes une minute, s'il te plaît. J'ai un problème et j'ai besoin de toi. J'ai ramené avec Kate deux enfants du Panshir au bord de la mort et pour les sauver il faut les opérer au plus tard dans les trente prochains jours. Plus longtemps, ils ne tiendront pas. À mon avis, ils ne sont pas en état d'être transférés en France. Qu'est-ce que tu peux faire ?

Marcandella se redresse sur sa chaise et me regarde fixement.

— Trente jours ?

— Oui, Jacques. Trente jours. Pourrais-tu, par exemple, rendre opérationnels la réanimation, le bloc et le premier étage de l'hospitalisation ?

Il me fixe toujours d'un regard noir, inspire une grande bouffée d'air.

— Bon. Je fais le point avec Martial et je te dis ça demain matin.

Marcandella se lève.

— Mais tu sais, Éric, tu me les brises menu, avec tes deux minots, là !

J'ai envie de l'embrasser. Je lui demande l'impossible et il ne me dit pas non.

Alexander et son « Pigeon volant »

À Kaboul, tel le Cadet Roussel de la chanson, j'ai trois maisons. J'adore dormir dans celle de Kate, La Maison des Enfants, quand une chambre reste libre, pour l'ambiance qui y règne, émouvante et chaleureuse. Il existe aussi une « Maison Bouygues », une grosse villa ceinte de hauts murs, louée par Marcandella qui y héberge l'équipe des expatriés du chantier. Jacques l'appelle « la base ». Je n'y dors pas, mais j'aime bien y passer le soir, surtout aux beaux jours quand la table est dressée dans le jardin pour un délicieux dîner concocté par le cuisinier philippin du patron. Le repas n'est servi qu'après l'apéritif, un pastis bien frais, toujours, importé par des voies mystérieuses et offert après le travail du chantier à des hommes qui n'aiment manifestement pas noyer d'eau leur boisson anisée.

— Nous, on l'aime bien façon yaourt, m'avait expliqué Martial un soir, alors que je lui demandais de rajouter un peu d'eau dans mon verre.

Enfin, une troisième maison a été construite en

contrebas de l'hôpital, « la Maison des Médecins » : dix chambres (ma famille cultivant du chiroubles, je voulais donner à chacune d'elles le nom de l'un des dix crus du Beaujolais, mais j'en fus dissuadé pour ne choquer personne en terre d'islam) et une grande pièce commune attenant à une cuisine, qui se succèdent autour d'une cour ornée d'une fontaine en son centre. Ce cloître charmant est occupé pour l'instant par les techniciens de passage, et destiné à loger infirmières et médecins français qui viendront en « mission » à Kaboul. C'est ici que je dormirai cette nuit, dans ma petite cellule de moine tout confort, avec coin-douche et chauffage électrique. J'y dépose mon sac et ressors aussitôt. Aghashrine m'attend pour retourner chez Kate afin d'y rejoindre Alexander Leis. Il nous avait dit qu'il passerait examiner Afzal et Yalda en fin de matinée.

Dans Kaboul, le trafic avance lentement, compact, dense, comme une coulée de miel, et le chauffeur y négocie sa position sans concéder le moindre millimètre à ses voisins. La courtoisie a ses règles en Afghanistan, mais elles n'ont pas l'air de s'appliquer à la conduite automobile. Finalement, nous entrons dans une rue calme qui nous amènera à la maison de Kate. Au loin, je vois un type juché sur un grand vélo, slalomant avec nonchalance entre les nids-de-poule. C'est Alexander.

Il m'est difficile de le décrire sans tomber dans le dithyrambe le plus débridé. Je l'ai rencontré

ALEXANDER ET SON « PIGEON VOLANT »

pour la première fois en juin de cette année 2005, dans un café de la place du Trocadéro, à Paris, et j'ai pensé en le voyant à l'un de ces anges que peignaient les primitifs italiens, silhouette élancée, boucles brunes, regard clair, traits fins, sourire doux. Ne lui manquaient que l'auréole dorée des icônes byzantines au-dessus de la tête et des ailes dans le dos. Vous croyez que j'ironise ? Pas du tout. Alexander n'est pas sorti du même moule que le reste de l'humanité. Il fait partie de ces êtres exceptionnels qui dédient leur vie aux autres. S'il n'est pas un ange, c'est une sorte de Petit Prince, un Charles de Foucauld des temps modernes. Toujours d'humeur égale, il semble parfois hautain, comme souvent les timides, mais sa générosité ne connaît pas de limites comme en témoignent sa vie et son dévouement pour les enfants afghans. Sans doute m'a-t-il pris pour un illuminé alors que je lui exposais avec fougue ce projet d'un hôpital pédiatrique à Kaboul, essayant, pour le convaincre de nous y rejoindre, d'embellir la renaissance de la ville et la pacification du pays. Ce jeune pédiatre allemand – il était, alors, âgé de trente-cinq ans – avait été interne, puis chef de clinique à l'hôpital Necker à Paris où il avait passé huit ans et appris notre langue. Sans hésitation, il a accepté de prendre la direction médicale de notre futur hôpital de Kaboul. Pourquoi ? Je ne sais pas. Manifestement, il s'attendait à ma proposition et y avait réfléchi.

— Mon seul problème, m'a-t-il dit, ce sera de rassurer mes parents. Ils vivent à Fulda, ma ville natale, en Allemagne. Je vais passer les voir avant de vous rejoindre à Kaboul.

Peut-être avait-il envie d'une nouvelle aventure, après avoir vécu à Beira, au Mozambique, où il avait créé le service de néonatologie de l'hôpital local et donné des cours à l'université. D'une nouvelle vie, aussi. Évoquant sa rémunération, il m'a appris qu'il devait envoyer tous les mois de l'argent au Mozambique.

— J'ai adopté là-bas un bébé orphelin dont les deux parents sont morts du sida. Il est élevé avec les enfants d'une jeune femme dont je suis l'ami. Elle m'a dit qu'elle venait de faire baptiser le petit. Elle l'a nommé Alejandro, mon prénom en portugais.

Il a souri, l'air rêveur.

— Avant de partir, je leur ai construit une maison sur un terrain au bord de la plage.

— Alexander, je dois te prévenir que la vie à Kaboul risque d'être plus rude que sous les cocotiers du Mozambique.

— Oui, je sais, m'a-t-il répondu, mais j'ai vu les statistiques sur la santé en Afghanistan, et la situation des enfants y est si précaire, si difficile qu'il me semble normal d'aller à leur secours.

**
* *

ALEXANDER ET SON « PIGEON VOLANT »

En août 2005, Alexander a donc posé sa valise dans une chambre de la Maison des Médecins dont l'enduit était encore frais. Chez le libraire de Kaboul – de renommée internationale depuis le magnifique livre de la journaliste norvégienne Asne Seierstad[1] –, il s'est acheté une méthode pour apprendre le dari, et chez un marchand du bazar un splendide vélo chinois, haut et noir, de la marque « Pigeon volant ». Ainsi, en ce matin d'octobre, nous arrivons ensemble devant la maison de Kate, lui descendant de son Pigeon noir, moi de la Nissan bleu, et nous nous embrassons, la France, l'Afrique, maintenant l'Orient ayant petit à petit érodé sa réserve germanique à l'égard de nos effusions latines.

Dans La Maison des Enfants, je lui raconte en quelques mots notre voyage au Panshir, détaille mes observations médicales au sujet d'Afzal et de Yalda. Attentif, le jeune médecin sort de sa poche son petit carnet relié de cuir noir et prend des notes.

Nous entrons dans la chambre d'Afzal, toujours dans son grand pyjama bleu. Il cherche Kate du regard et s'apaise à la vue de son sourire. Avec douceur et méticulosité, Alexander effectue son examen clinique, notant ses observations dans son carnet. Puis nous allons voir Yalda, elle aussi toujours vêtue de son joli pyjama rose, dans la même

---

1. *Le Libraire de Kaboul*, d'Asne Seierstad, trad. Céline Romand-Monnier, Le Livre de Poche, Paris, 2004.

position, semi-assise sur le bord de son lit, qu'elle avait quand je l'ai quittée tôt ce matin. Elle se penche légèrement en avant pour libérer son diaphragme afin de lui donner la plus grande amplitude possible et mieux aspirer cet air qui lui fait défaut. Yasmina, sa mère, rajuste son voile en nous voyant entrer. Je me demande depuis combien d'heures cette femme n'a pas dormi. Alexander regarde un instant la fillette et me lance un rapide coup d'œil, signal d'inquiétude. Yalda semble confiante. Il l'ausculte longuement, écoutant son cœur, ses poumons, tous les bruits de ce petit thorax animé de mouvements saccadés. Pendant cet examen, l'enfant, le regard fixe, se concentre sur le dauphin peint sur le mur jaillissant des flots bleus qu'un pélican survole.

Une demi-heure plus tard, nous nous réunissons dans le bureau de Kate. Alexander prend la parole.

— Pour Afzal, je suis d'accord avec Éric. Il faudrait l'opérer dans les jours qui viennent pour lui insérer un tube dans l'estomac afin de le réalimenter. Après, il faut espérer qu'il aura repris des forces et du poids quand ouvrira notre hôpital, et on programmera alors la venue d'une équipe française pour remplacer son œsophage.

— Et on l'opère où, pour la première intervention ? demande Kate.

Je propose l'Indira-Gandhi. Alexander me regarde. En guise de réponse, il m'adresse une grimace dégoûtée.

— Je repars à Paris dans trois jours, lui dis-je, et

j'aimerais bien pouvoir opérer Afzal avant mon départ.

Alexander pousse un long soupir. Je poursuis néanmoins mon plaidoyer.

— On pourrait contacter Jalil Wardak, ce jeune chirurgien afghan qui vient de travailler plusieurs mois en France en chirurgie infantile. Il pourrait m'assister et nous faciliter les choses à l'Indira-Gandhi.

— Tu connais l'état de cet hôpital ?

Il est désastreux, je suis bien placé pour le savoir après l'avoir visité, en décembre 2001.

— Nous n'avons pas tellement le choix, Alexander.

Il hausse les épaules, comme pour exprimer une impuissance désolée.

— Bon, peut-être, dit-il. Je vais contacter Jalil et lui demander d'organiser ça.

Un silence s'installe. Nous savons tous les deux qu'il va maintenant nous falloir parler de Yalda dont le cas est plus problématique encore. Je me lance.

— Et Yalda ?

— Je t'avoue que je suis pessimiste. Non seulement elle a un trou entre les deux ventricules, mais aussi sans doute une malformation d'un gros vaisseau du cœur. Il faudrait le vérifier avec une échographie.

— Le Dr Rahima pourrait nous aider.

Rahima, une femme petite, réservée et très douce, est la première cardiologue infantile d'Afghanistan. Nous l'avons envoyée se former à l'hôpital Necker pour cette spécialité particulièrement difficile.

Kate se lève et nous annonce qu'elle va installer une perfusion pour réhydrater Afzal.

— Merci Kate, lui répond Alexander. Pour Yalda, pourrais-tu aussi trouver une bouteille d'oxygène à Kaboul ?

Kate réfléchit un instant.

— Les militaires français, peut-être ?

— Oui, peut-être, dit Alexander. Je vais les appeler.

Avec cette bouteille, nous ne réglerons rien de fondamental. Nous sommes dans le cadre de soins palliatifs. Je demande à Alexander si un transfert de Yalda à Paris lui semble envisageable.

— Non. Je ne crois pas, Éric. Elle ne supporterait pas la dépressurisation de l'air dans l'avion.

Hélas, il a probablement raison.

— Comment vois-tu les choses, alors ?

Il me regarde droit dans les yeux, l'air tendu.

— Comment veux-tu que je les voie, les choses ! Je les vois mal, bien sûr. Si Yalda n'est pas transportable, la seule solution doit être locale, et tu sais aussi bien que moi ce que cela veut dire : il n'y a pas de solution ! Voilà ! Personne dans ce pays, dans aucun hôpital, n'a jamais fait d'opération à cœur ouvert. Et tu connais le chantier aussi bien que moi. Ce n'est pas dans notre bloc que nous allons en faire une dans les semaines qui viennent !

Je reste un moment silencieux. Je comprends sa colère. J'aimerais tant qu'elle soit infondée.

ALEXANDER ET SON « PIGEON VOLANT »

— Tu sais, Alex, j'ai vu Marcandella tout à l'heure, je lui ai mis de la pression...
Il pose sa main sur mon bras.
— Arrête, Éric.

* *
*

Le lendemain matin, c'est un grand jour, celui de la première opération d'Afzal et, accessoirement, celui aussi de ma première intervention à Kaboul. Me revoici donc, à bord de la Nissan, à côté d'Aghashrine. Afzal est assis à l'arrière sur les genoux de Kate, blotti contre elle et ne la quittant pas des yeux. Il ne comprend pas l'agitation qui l'entoure, mais devine qu'elle le concerne. Nous sommes au cœur d'un embouteillage épouvantable que n'arrange pas la fermeture de quartiers entiers dans la ville, ceux dit « sensibles » où se trouvent les ambassades, le palais présidentiel, certains ministères. Leurs accès sont bloqués par des chars de l'armée, des postes de gardes protégés par des murs de sacs de sable. Ces précautions de plus en plus nombreuses révèlent une dégradation croissante de la sécurité.

Jalil Wardak, un peu enrobé et toujours très jovial, nous attend aux portes de l'hôpital Indira-Gandhi en compagnie de Marie-Noëlle Meyer qui, elle, est tout le contraire du jeune chirurgien afghan : grande, mince et, comme toujours, élégante avec ses beaux cheveux blancs encadrant son visage juvénile. Je suis très heureux de la rencontrer ici. Remarquable anesthésiste infantile, elle vient de prendre sa retraite de l'hôpital Necker à Paris. Sa spécialité est rare et précieuse. L'avoir avec moi à Kaboul est une chance inespérée. Marie-Noëlle se trouve depuis deux jours en mission auprès de nous pour suivre l'installation des équipements du bloc et de la salle de réanimation. Nous sommes voisins à la Maison des Médecins mais je ne l'avais pas encore croisée. Je suis rassuré qu'elle accepte de participer à cette intervention, d'autant qu'il s'agit d'opérer dans un hôpital visité en décembre 2001, juste après la chute des talibans, et dont j'ai gardé un souvenir traumatisant. Je me souviens que nous évoluions, Nilab, Dominique Jan et moi, dans un froid minéral et une saleté repoussante, avec des détritus accumulés dans les couloirs, des odeurs pestilentielles dans les salles de soins. Le bloc n'était pas éclairé, l'air glacé et poussiéreux y entrait par une vitre brisée. L'appareil d'anesthésie, fabriqué en Tchécoslovaquie dans les années 1960, semblait hors d'usage et des compresses tachées de sang traînaient sur le sol.

Quatre ans plus tard, il fait moins froid et les vitres cassées ont été remplacées. Le hall d'entrée est occupé par une foule compacte et bruyante – barbus coiffés de bérets de laine qui se bousculent à l'accueil, femmes en burqa bleue tenant dans leurs bras des bébés en pleurs – à travers laquelle Jalil nous ouvre un chemin jusqu'au sas d'entrée du bloc opératoire où règnent, là aussi, une cohue et un brouhaha dignes d'un caravansérail un jour de marché. Jalil nous présente au surveillant du bloc qui nous montre la porte de la salle d'opération mise à notre disposition. Je le remercie et suis sur le point d'ouvrir cette porte quand j'aperçois à travers le hublot une équipe afghane autour de la table d'opération.

— Mais une intervention est en cours !
— *No problem, no problem,* dit le surveillant.
— Mais si, il y a problème !
— *No problem, no problem.*

Je regarde Jalil qui hausse les épaules, l'air embarrassé.

— Il y a deux tables dans le bloc.

Effectivement, je vois par le hublot une deuxième table derrière celle de l'équipe en train d'opérer.

— Éric, me dit Jalil avec impatience, c'est toujours comme ça, ici.

Nous entrons donc et saluons d'un hochement de tête l'équipe afghane qui réalise l'ablation d'un rein d'une petite fille. L'opération me semble assez sanglante. Des compresses sales sont jetées sur le sol. Marie-Noëlle regarde la scène avec effroi, observe l'antique appareil de ventilation et s'approche de moi.

— Je crois que je vais ventiler à la main, me chuchote-t-elle à l'oreille.

C'est une procédure inhabituelle, mais prudente.

— Oui, tu as raison.

Kate entre dans le bloc, Afzal dans les bras, déjà à moitié endormi par Marie-Noëlle qui a apporté de France sa trousse d'urgence et ses produits anesthésiants. Kate allonge l'enfant sur notre table en regardant avec horreur celle de l'équipe afghane, à moins de deux mètres de la nôtre, où la situation hémorragique n'a pas l'air de s'arranger.

— *Please Kate*, lui dit Jalil, arrête de les regarder.

— Mais enfin, tu as vu ? répond-elle d'une voix forte.

— S'il te plaît, ne t'en mêle pas.

Kate lève les yeux au ciel puis regarde Afzal qui s'endort, paisible dans ce chaos.

— Bon. Mieux vaut que je sorte, alors. Je vous attends devant l'hôpital.

Et elle s'en va, chassant d'un coup de pied rageur quelques compresses sur son chemin.

Jalil et moi lavons nos mains dans un lavabo douteux avec un savon gluant de couleur violette. Nos blouses opératoires sont si fines et rapiécées que j'enfile la mienne avec précaution de peur d'y laisser une manche. Nos gants ont manifestement déjà servi. Jalil sort deux calots de sa trousse aux couleurs du drapeau anglais, décorés du sigle de Manchester United, et m'en offre un. Il les a achetés au cours d'un stage en Angleterre durant lequel il s'est découvert une passion pour ce club. Nous les nouons sur nos têtes et Marie-Noëlle, nous voyant ainsi coiffés, esquisse enfin un sourire, caché par son masque, mais révélé par ses yeux.

Afzal maintenant endormi, Marie-Noëlle lui introduit, avec dextérité et rapidité, un tube dans la trachée afin de ventiler ses poumons en toute sécurité. Je badigeonne de Bétadine la peau de l'abdomen de l'enfant. Sa maigreur extrême montre un état avancé de dénutrition. Il ne pèse que onze kilos, soit cinq ou six de moins que la norme de son âge. Le réalimenter relève de l'urgence. À travers une première incision de quatre centimètres, j'attrape la paroi de l'estomac que j'ouvre afin d'y introduire un tube que je fixe par quelques points. Jalil me seconde parfaitement, tout se passe bien pour nous ; sur la table d'à côté, par contre, rien ne va plus. Les chirurgiens semblent incapables d'arrêter l'hémorragie de leur petite patiente. Jalil a senti mon envie d'aller les aider et me fait comprendre d'un regard qu'il n'en est pas question. Je pose les derniers points sur la peau, fais le pansement et nous sortons de cet enfer.

Furieux, je me tourne vers Jalil.

— J'aurais pu les aider, tout de même, ils n'arrivent pas à s'en sortir, avec cette hémorragie !

— Ils seraient humiliés, me répond-il.

— Et alors ? Ils seraient plus fiers d'eux si cet enfant mourait ?

— S'il te plaît, Éric, n'élève pas la voix.

Jalil a l'air bouleversé et je le prends par l'épaule.

— Pardonne-moi, Jalil. Je n'ai pas beaucoup dormi ces derniers jours.

— Je t'en prie. Tu as raison, mais tu sais, c'est difficile d'être afghan en ce moment, sous le regard des étrangers.

Nous apercevons Kate dehors, qui fume de façon compulsive depuis un bon moment si je me fie au nombre de mégots écrasés à ses pieds. Je lui adresse le grand sourire postopératoire rituel des interventions réussies.

— Tout s'est bien passé, Kate.

Son visage se détend.

— *Good !* Quelle horreur, cet hôpital ! – Elle regarde Jalil. – *Ho ! Sorry, Jalil.*

— Je sais, Kate, je sais.

Nous attendons tous les quatre qu'Afzal se réveille et je demande à Kate de le ramener à La Maison des Enfants. Le laisser dans cet hôpital, même une seule nuit, me semble trop dangereux. Dans quarante-huit heures, grâce à son tuyau dans l'estomac, il sera possible de le réalimenter et de le préparer à la prochaine opération, la grande, plus complexe. J'espère qu'elle aura lieu dans notre hôpital. Marie-Noëlle décide de rester avec Kate et décline l'invitation de Jalil qui propose de nous ramener à la Maison des Médecins. Moi, j'accepte avec plaisir. Nous n'avons pas encore eu le temps de discuter ensemble, comme nous le faisions régulièrement quand Jalil était en stage à Paris, l'année dernière.

— Tu vas voir, me dit-il. Je me suis acheté une nouvelle voiture. Une Corolla de luxe.

— Ah ah !

Je feins d'être impressionné. En vérité je n'ai aucune idée de ce qu'est cette voiture.

— De luxe, ajoute Jalil avec un grand sourire, mais de deuxième main.

Assis sur les sièges en cuir d'une berline, nous partons tous deux affronter le trafic kabouli. Comme toujours, les rues de la ville offrent un spectacle tout droit sorti d'une machine à remonter le temps. Malgré les embouteillages et le kitsch des constructions neuves, Kaboul reste la cité d'une époque révolue. Elle possède un aspect immuable que n'affectent pas les assauts de la modernité. À mes yeux, elle est l'une des dernières traces urbaines vivantes d'un Moyen Âge oriental. Une vision sans doute fantasmatique, je l'admets, mais j'imagine qu'ici pourraient encore passer des caravanes de marchands et des armées d'envahisseurs. Tous ces barbus enturbannés et majestueux enveloppés de couvertures sans âge, ces vieux qui marchent appuyés sur leur bâton, ces femmes sous leurs voiles bleus, le travail des artisans disposé au bord d'égouts à ciel ouvert, les chiens errants, un berger et ses quelques chèvres, l'appel à la prière, la poussière des rues non asphaltées, et jusqu'à la neige qui reste éternelle au sommet des montagnes.

J'écoute Jalil qui s'exprime dans cet anglais local que j'adore car il me donne l'illusion d'être bilingue.

— *The situation is not very good*, me dit-il, la sécurité se dégrade, les gens recommencent à avoir peur.

— Vraiment ?

— Oui, c'est comme un cauchemar qui revient. En 2002, souviens-toi, nous pensions tous qu'il était derrière nous, qu'il serait oublié à jamais. Les femmes ne portaient plus la burqa, les hommes avaient rasé leur barbe, on pouvait à nouveau écouter de la musique. Ma fille a pu enfin aller à l'école, de nouvelles radios sont apparues, puis Internet, et nous étions soudain reliés au reste du monde. Tu n'imagines pas, ce fut pour nous comme un retour à la vie après un long coma. Et puis, grâce à vous, j'ai pu aller en France pour la première fois.

— Oui, je me souviens. Tu avais l'air heureux d'être à Paris.

— C'était mon premier voyage à l'étranger, Éric. J'étais fou de bonheur... et mon stage en Angleterre, ensuite...

— Et Manchester United !

Le jeune chirurgien reste un instant silencieux puis se tourne vers moi.

— Tu sais, Éric, l'horreur de ce bloc, tout à l'heure, à l'Indira-Gandhi, je m'y suis habitué, mais aujourd'hui je l'ai vue à travers ton regard et j'étais accablé. C'est comme si un mauvais sort avait été jeté sur mon pays, une fatalité qui lui imposerait de redescendre sans cesse vers le bas. Chaque mois, la situation empire, la sécurité se dégrade. Il y a eu des attentats à Kandahar, puis à Herat, maintenant à Kaboul, les kidnappings d'étrangers mais aussi d'Afghans deviennent un vrai commerce. Personne n'ose plus se promener hors de Kaboul. Je n'ai pas été voir ma belle-famille depuis deux mois alors qu'elle vit à Surobi, à une heure de voiture d'ici.

ALEXANDER ET SON « PIGEON VOLANT »

Je ne veux plus y conduire ma femme et mes enfants, c'est trop risqué.

— À cause des talibans ?

— Oui, à cause d'eux, ces fous. Ils reviennent, je t'assure, Éric, ils reviennent. Et tu sais pourquoi ? Parce que les mentalités changent. Trop de promesses ont été faites qui n'ont pas été tenues. Je lis dans les journaux les comptes rendus de ces conférences internationales sur l'Afghanistan, à Bonn, à Tokyo, les dizaines de milliards de dollars d'aide pour les populations, mais ici tu ne vois rien de cet argent, rien du tout, les pauvres restent pauvres. Tout ce que tu vois, c'est l'augmentation du nombre de grosses 4×4 noires aux vitres fumées, la prolifération des polices privées, les grandes maisons neuves couvertes de marbre et entourées de barbelés, la corruption galopante des élites.

Nous sommes arrivés depuis quelques minutes déjà devant le chantier de l'hôpital et Jalil continue de parler, de me dire tout ce qu'il a sur le cœur.

— Le vent d'espoir de 2002, Éric, crois-moi, il est retombé. Je suis inquiet pour l'avenir. Inquiet pour ma famille, pour mes enfants.

Il me fixe d'un regard intense.

— Éric, dis-moi, vous n'allez pas nous laisser tomber, n'est-ce pas ?

Je me tourne vers le chantier. Sur la fresque, le voile bleu est terminé.

— Non, Jalil. Regarde l'hôpital, il est presque achevé. Dans quelques semaines seulement, il sera ouvert. Nous sommes ici pour longtemps.

Dans ma chambre, je m'endors en pensant à Afzal et à Yalda. Demain matin, j'ai rendez-vous avec Marcandella.

*
* *

Des coups sont frappés à ma porte. Je prends conscience, avec une certaine lenteur, que cette chambre dans laquelle je me réveille doit être celle de la Maison des Médecins. Je cherche ma montre : il est près de 9 heures. J'ai dormi comme un bébé ! Je me lève et vais ouvrir, ébloui par la lumière du jour. Laurel et Hardy attendent sur le seuil.

— Éric, me dit Marcandella, avec Martial, on a tout passé au crible.

— Ah...

— On te réveille, là ?

— Euh...

— Oui, on le réveille, constate Martial.

Marcandella regarde sa montre, soupire.

— Bon, Éric, dans cinq minutes dans la salle commune.

Cinq minutes plus tard, dont deux passées la tête sous le robinet d'eau froide, je rejoins Jacques et Martial dans la pièce commune, assis devant trois tasses et une cafetière.

— Écoute, pour tes minots, voilà ce qu'on peut faire, me dit Jacques d'un ton calme après avoir attendu patiemment que j'avale ma première gorgée de café. On va doubler les équipes de peintres, de maçons, de carreleurs et de menuisiers, comme ça on finit le gros œuvre dans quinze jours. Après, il faut se concentrer sur l'électricité et la plomberie et c'est plus compliqué parce qu'on a besoin de gars qui savent ce qu'ils ont à faire...

— J'ai téléphoné à Paris, lance Martial. Bouygues va nous envoyer deux techniciens en renfort. On en a besoin pour la centrale de climatisation, l'installation de l'extracteur d'oxygène et la mise en place du réseau électrique.

Je les écoute, encore comateux, et attends le verdict comme un accusé devant un juge, ou un malade devant son toubib. Amende légère ou dix ans ferme ? Tumeur bénigne ou cancer généralisé ?

— ... donc dans un mois, Éric, oui, c'est envisageable..., reprend Marcandella.

Un nœud se dénoue dans mon estomac.

— ... mais je fais l'impasse sur le deuxième étage, poursuit Jacques, et on sera encore dans le provisoire pour la cuisine, la buanderie et probablement aussi l'incinérateur à ordures.

Je sais qu'il n'est pas du genre à aimer effusions et embrassades. Martial non plus, sans doute. Je les remercie donc sobrement, refrénant mon envie de leur sauter au cou.

À mon arrivée, Marcandella m'avait dit qu'il rentrerait à Paris par le même vol que moi ce soir, je lui propose donc de partir ensemble à l'aéroport.

— Mais putaing, explose-t-il, comment veux-tu que je rentre à Paris ce soir dans la béchamel où tu nous mets avec tes deux minots, là ?

Le Pachtoune et le Toulousain

Novembre 2005

J'atterris à Roissy-Charles-de-Gaulle par un matin de novembre gris et froid et, comme chaque fois, j'ai un petit coup de blues. Je fais maintenant ce voyage à peu près tous les deux mois, fends la foule et traverse les contrôles innombrables de l'aéroport de Kaboul, survis au vol vers Dubaï à bord d'un avion antédiluvien de la compagnie afghane Ariana, bannie dans le ciel d'Europe, zone dans le bling-bling du duty-free avant de reprendre un vol Air France pour Paris, et rien n'y fait. Me retrouver à Roissy me plonge dans une dépression fugitive mais réelle. Passer de la clarté de la lumière afghane à celle de l'Île-de-France, plus grise ou tamisée, même les jours de soleil, quitter le chaos de Kaboul pour retrouver la morne normalité des longs couloirs et des tapis roulants, tout ça me mine. Mais le temps presse et chasse mon spleen. Nous sommes lundi matin, ma moto est garée au parking et, sans même passer chez moi, je file directement à Pontoise, siège de l'hôpital René-Dubosc où je suis chef du service de chirurgie vasculaire. Là, je prends une douche, me rase, me change, puis rejoins mon équipe. Les internes annoncent les urgences de la nuit et rappellent les interventions programmées dans la journée. Ce matin, je dois opérer un homme de soixante-huit ans qui souffre d'un anévrisme de l'aorte abdominale. Avant que le patient ne soit endormi, j'ai quelques minutes de calme devant moi. J'ai atterri voici seulement deux heures. Hier j'étais encore à Kaboul, obnubilé par Afzal et Yalda. Ce matin devrait être un matin comme un autre, il ne l'est pourtant pas. Tant que je n'opère pas, j'ai la tête ailleurs, je pense à ces deux enfants entre la vie et la mort. Mon téléphone sonne. C'est Anne, la panseuse du bloc.

— Monsieur, on est prêts. On endort le patient.
— Merci, j'arrive.

Comme toujours, l'intervention est réglée comme du papier à musique. Tout est prévu, anticipé, chaque demande d'instrument satisfaite. À toutes ces personnes calmes et concentrées qui participent avec moi à cette chorégraphie millimétrée qu'est une opération chirurgicale en France, j'ai envie de dire : « Si vous saviez, à Kaboul... » Pour nous, tout semble normal, mais c'est faux : ici, c'est l'exception. La norme se mesure à l'aune de la misère du monde. Des millions d'enfants malades n'ont pas accès aux soins que leur état réclame. Si seulement je pouvais opérer Afzal et Yalda dans ce bloc, avec cette équipe, dans mon service, au sixième étage de cet hôpital de Pontoise, je gommerais cette injustice fondamentale liée au lieu de la naissance. Des petits Français de leur âge affligés des mêmes pathologies auraient depuis longtemps été soignés et sauvés.

Au soir de cette première journée après mon retour, je retrouve enfin mon appartement, dans le quartier des Batignolles, à Paris, et téléphone à mes deux enfants, Marie et Hugo, avec cette conscience coupable qui me taraude toujours d'être un père trop souvent absent. J'appelle ensuite Jean-Roch Serra, le directeur de La Chaîne de l'Espoir, une couronne de cheveux blancs et un sourire aimable, pour lui raconter mon séjour à Kaboul et lui demander de rameuter le ban et l'arrière-ban de notre association à l'occasion de la réunion rituelle du jeudi après-midi. Notre hôpital de Kaboul sera opérationnel plus tôt que prévu, des décisions sont à prendre. Dans ma tête, j'ai déjà formé mes équipes idéales – toutes deux franco-afghanes – des opérations à venir. En voyant le petit Afzal, dans le Panshir, j'ai pensé aussitôt au professeur Yann Révillon, patron du service de chirurgie infantile de l'hôpital Necker, grand connaisseur de ce type de pathologies, impliqué, depuis le début, dans le projet de l'hôpital de Kaboul. Il pourrait être assisté, pour cette première, de Jalil Wardak, qui a opéré avec moi Afzal à l'Indira-Gandhi. Pour Yalda, je pense à Daniel Roux assisté de Nadjeebullah

Bina. Géant toulousain à l'accent rocailleux, Daniel mérite bien le surnom de « Land Rover de la chirurgie cardiaque » qui lui est attribué à cause de sa capacité à opérer dans les pires conditions. Mon ami Nadjeebullah Bina, un chirurgien afghan, approfondit depuis quatre ans sa formation en chirurgie cardio-vasculaire à Lyon et Saint-Étienne. Roux et Bina sont en France. Je demande donc à Jean-Roch de les appeler pour qu'ils participent, jeudi, à notre réunion.

Avec son regard perçant que surlignent d'épais sourcils et une voix calme et douce, Nadjeebullah Bina possède une présence impressionnante. Toutes les têtes se tournent vers lui quand il entre dans une pièce. Cet aimable Pachtoune a renoncé à une carrière de footballeur prometteuse dans l'équipe nationale d'Afghanistan, la Jawamani Maihan, pour étudier la médecine. Il est né à Kandahar, la grande ville du sud du pays, le jour de Noël 1974, et son père le surnomme « Massihe Kotchak », « Petit Jésus ».

— C'est un surnom qu'il valait mieux oublier quand les talibans sont arrivés, me dit-il en riant, un soir à Paris, alors que nous parlions de sa vie et de son pays.

Je n'ai pas pu m'empêcher de l'interroger sur l'Afghanistan de son enfance.

— Je me souviens que l'Afghanistan était en

paix, alors. Je jouais au ballon avec mon frère dans le grand jardin de la villa familiale. Avec mon père, le vendredi, on montait dans sa belle Mercedes rouge et nous allions pique-niquer dans la campagne. Hélas, la situation s'est dégradée à partir de 1978, avec le coup d'État communiste. Je n'avais que quatre ans. Mon père était médecin militaire et ma mère, professeur de littérature, appartenait à une famille aristocratique proche du roi Zaher Shah. Nous n'étions pas très appréciés par les nouvelles autorités. Mon père a été transféré dans un bataillon à Jalalabad, le long de la frontière pakistanaise. De nombreux membres de notre famille ont été arrêtés. Certains ont disparu. Et puis, en 1983, mon père a été gravement blessé. Il est tombé dans une embuscade alors qu'il était à bord d'une ambulance, tu te rends compte ? Les Russes tiraient sur les ambulances ! Il est resté un an à l'hôpital, il a perdu un œil et ne peut plus utiliser totalement sa main gauche. C'est en son hommage que j'ai choisi la médecine plutôt que le football, et c'était très bien ainsi, ajoute-t-il en riant, parce que l'époque n'était pas vraiment favorable aux jeux de ballon !

— Et l'arrivée des talibans, c'était comment ?

— Écoute, j'étais comme tout le monde à l'époque, les bombes tombaient sur Kaboul, la guerre civile faisait rage. J'espérais qu'avec les talibans reviendrait la paix. Je me souviens du jour où ils ont pris Kaboul, le 27 septembre 1996. J'étais en cours et la faculté de médecine a fermé ses portes. On a demandé aux étudiants de rentrer chez eux. Le lendemain, j'ai emprunté un vélo à un ami pour aller au centre-ville voir ce qui se passait et j'ai découvert, pendue à un réverbère du carrefour Ariana, tout près de l'ambassade de France, la dépouille du président Mohammad Najibullah. Plus tard, les cours ont repris. J'ai passé l'examen de l'internat et j'ai obtenu le poste que j'espérais, dans le service de chirurgie thoracique à l'hôpital universitaire Wazir-Akbar-Khan. Pendant toutes les années du règne taliban, j'ai continué à travailler à l'hôpital, pratiquant de plus en plus souvent une chirurgie de guerre. Chaque jour notre misère, notre détresse s'aggravaient tandis que s'amenuisaient les stocks de médicaments. À la fin, nous ne pouvions plus ni soigner ni nourrir nos malades.

Le jeudi matin, un coup de fil de Jacques Marcandella me réveille.

— Allô Éric ? Les deux expats de Bouygues arrivent demain matin. Avec eux, on devrait pouvoir tenir le calendrier.

— Ah, génial, Jacques, merci.

— Enfin, si la météo nous lâche la grappe, hein ? Parce qu'il a neigé cette nuit.

— Je compte sur toi, Jacques.

— Ouais, bon, les miracles, je sais pas faire. Allez, salut.

Il raccroche. Ai-je entendu une bonne nouvelle ? Il me semble que oui, mais je n'en suis pas certain.

LE PACHTOUNE ET LE TOULOUSAIN

En ce jeudi après-midi, c'est l'affluence des grands jours pour notre réunion hebdomadaire au siège de La Chaîne de l'Espoir. Quand j'entre dans la salle, Nadjeebullah se lève et me gratifie d'une chaleureuse accolade. Il n'est pas rasé et semble n'avoir pas dormi depuis longtemps.
— Tu étais de garde cette nuit ?
— Ça se voit ?
— Oui !
Il passe la main sur mon menton râpeux et nous rions.
Plus loin, Daniel Roux dépasse tout le monde d'une bonne tête. Je le salue de la main.
— Merci d'être ici, Daniel.
— Hé, con, nous, quand tu nous appelles, on vient.
Je m'assieds derrière une table, dans la plus grande salle dont nous disposons, face à un auditoire vite silencieux et attentif.
— Cette réunion est un peu particulière car nous devons décider d'une ouverture plus rapide que prévu de l'hôpital afin de sauver deux enfants que j'ai ramenés, avec Kate, de la vallée du Panshir...
Ému, j'ai la voix un peu chevrotante. Le silence de la salle suggère que mon émotion est perçue par cet auditoire amical. Entre alors un Yann Révillon échevelé qui se confond en excuses pour son retard et en oublie de retirer ses pinces à vélo. L'invitant à s'asseoir, je reprends mon exposé et raconte le

voyage dans le Panshir, les circonstances de mes rencontres avec Afzal et Yalda, les décisions médicales prises à leur sujet avec Alexander, l'opération d'Afzal à l'Indira-Gandhi, enfin le point sur l'avancement des travaux, les efforts de Martial et de Marcandella, les considérations météo, mes idées pour les opérations à venir. Je conclus :

— Si tout va bien, nous pouvons opérer dans notre hôpital dans un mois. Euh, non... Dans vingt-sept jours.

Chacun mesure soudain que ce projet, auquel nous travaillons depuis quatre ans, va devenir réalité. Nous aurons alors atteint un point de non-retour : une fois ouvert, un hôpital devient une machine infernale qui ne s'arrête jamais.

La voix de Daniel s'élève, qui semble rouler sur des cailloux.

— Éric, si je comprends bien, tu nous annonces qu'on doit opérer dans quatre semaines des gamins au bout du rouleau dans un hosto qui était encore en construction il y a trois jours. C'est ça ?

— On peut dire les choses ainsi, si tu veux.

— Excuse-moi, mais je me demande si vous n'avez pas fumé la moquette, avec Alex et Kate à Kaboul !

L'accent chantant, le ton et les propos de Daniel Roux détendent l'atmosphère.

— Daniel, tu serais tombé sur ces enfants perdus dans leur village, tu aurais fait comme moi. Je te rassure, je n'ai rien fumé du tout, mais on doit se bouger pour sauver ces deux enfants que le destin a mis sur notre route.

Une fois de plus, j'ai dû prendre mon air « halluciné », comme disent mes enfants quand ils se paient ma tête. Mais je m'aperçois vite que je prêche des convertis.

— T'inquiète pas, Éric, on va s'en occuper de tes deux pitchounes. T'es partant, Nadjeeb ?

— Bien sûr.

Mon regard croise celui des surveillantes, ces femmes qui, à Paris, à Phnom Penh ou à Maputo, constituent un maillon essentiel dans un hôpital : elles supervisent le bloc opératoire, une réanimation, un service, s'assurant que tout est là et que tout va bien. Par un sourire, un clignement des yeux, elles me disent qu'elles aussi sont partantes.

Comme il faut donner un peu de marge à Marcandella, je propose de retenir la date du 5 décembre pour l'ouverture de l'hôpital. Avec son esprit pratique Nicole Portier, l'une des surveillantes, intervient :

— Pour le 5 décembre, dit-elle, il va falloir mettre les bouchées doubles avec les envois de matériel. On aura besoin de place sur les deux prochains Hercules.

Elle a raison. L'armée française nous a jusqu'à présent aidés d'une manière extraordinaire en acceptant de prendre gratuitement un peu de notre matériel hospitalier à bord des avions Hercules qui partent chaque semaine de France pour Kaboul. Il doit être conditionné pour ne pas occuper plus de cinquante mètres cubes. Entre caisses de munitions et pièces de véhicules blindés, nous coinçons donc des appareils de radiologie ou d'orthopédie, des médicaments, des boîtes d'instruments chirurgicaux. Avant notre prochaine ouverture, nous aurons besoin de perfusions, de respirateurs, de gants, de casaques, et sommes trop pauvres pour affréter un avion privé.

Chaque semaine depuis son arrivée à Kaboul, en août 2005, Alexander Leis adresse à La Chaîne de l'Espoir une lettre dans laquelle il rend compte des progrès réalisés, des nouvelles du chantier et du pays. Il termine toujours sa missive par une formule devenue rituelle : « merci pour le soutien », et j'en suis très ému car c'est lui, par sa présence à Kaboul, son sérieux, son calme et ses talents de pédiatre, qui nous apporte un soutien considérable. Jean-Roch Serra nous lit un passage du message d'Alexander :

« Depuis le départ d'Éric, l'hôpital est devenu une ruche bourdonnante. On entend sans cesse les cris et les ordres de Jacques Marcandella qui dort sur le chantier, dans la petite cabane qui lui sert de bureau. Désormais, le travail s'arrête à 21 heures, et les peintres et carreleurs sont plus nombreux qu'auparavant. Deux experts de Bouygues sont arrivés hier, l'un pour la centrale "chaud-froid", l'autre pour les circuits électriques. Deux containeurs sont également arrivés hier, avec des lits, beaucoup de matériel pour le bloc et la réanimation, notamment deux appareils de stérilisation. Si vous êtes inquiets, je vous rassure : à première vue, il n'y a pas de casse.

« Afzal a bien supporté son opération et son tube dans l'estomac me permet de commencer à l'alimenter progressivement, mais je manque de produits hypercaloriques adaptés à sa situation. Le garçonnet fait une véritable fixation sur Kate. En la présence de celle-ci, je peux faire à Afzal tous les soins nécessaires, il ne bouge pas et semble comprendre que nous agissons pour son bien. Il regarde à longueur de journée un petit dépliant publicitaire de la British Airways que Kate, probablement, lui a donné. La photo d'un Airbus A320 illustre ce dépliant, étalée sur ses trois volets. Afzal est fasciné par cet avion, il le caresse du bout des doigts. Cette image agit sur lui comme un tranquillisant.

« Yalda, quant à elle, a bien réagi à son traitement tonicardiaque et à l'oxygène, mais au bout de quarante-huit heures elle s'est affaiblie à nouveau et nous devons poursuivre l'oxygénation la nuit, moment le plus difficile pour elle car elle a du mal à dormir en position semi-assise. Je veux vous dire mon inquiétude la concernant. J'aurais besoin des conseils d'un cardio-pédiatre car j'ai épuisé toutes les ressources thérapeutiques locales. Cette petite fille très combative est bouleversante. Yasmina, sa mère, ne la quitte pas un instant, de jour comme de nuit. Ce matin, j'ai constaté que la maman avait déplacé le lit de sa fille pour la rapprocher du dauphin peint sur le mur de sa chambre, et la mère était manifestement inquiète de la réaction de Kate face à cette initiative. J'ai essayé de la rassurer. Kate, bien sûr, n'a rien dit. »

Jean-Roch arrête là sa lecture, visiblement ému. Je devine qu'il ne lira pas la suite de cette lettre qui mentionne un attentat à Kandahar et l'enlèvement de deux Afghans travaillant pour une ONG occidentale à Kaboul.

Après quelques instants de silence, Yann Révillon se lève.

— C'est ok pour moi, dit-il. Je demanderai à mon anesthésiste et à deux infirmières de réanimation de Necker de m'accompagner car cela peut être difficile et je veux avoir mon équipe avec moi. J'y vais, je suis en retard pour ma consultation.

Il sort, le pantalon toujours coincé dans ses pinces à vélo.

À l'issue de cette réunion, je prends un café avec Alain Deloche.

— Alain, je t'ai trouvé bien silencieux.

Mon vieil ami, d'un geste théâtral, pose lentement sa tasse de café sur la table basse, s'adosse dans son fauteuil, croise les mains sur son estomac, ferme les yeux un instant, puis me répond enfin :

— D'un point de vue chirurgical, on ne peut pas faire pire. Deux opérations difficiles dans une structure hospitalière pas encore sécurisée et sans équipe bien rodée. Pardon, mais c'est tout de même assez casse-gueule. Tu aurais pu commencer par des cas simples, une hernie, une appendicite, ce genre de trucs. La règle de base, quand tu ouvres un hôpital, c'est : pas de décès le premier jour !

Nous sommes au pied du mur. Je n'ai pas d'autres options que l'action. Et dans les couloirs de La Chaîne, ça turbine. Je vois Daniel et Nadjeebullah discuter du matériel nécessaire pour leur opération commune. Nicole et ses copines surveillantes sont toutes au téléphone et j'entends les mots bistouris, porte-aiguilles, solutés de perfusion. Fabienne, la secrétaire de la Mission Kaboul, s'occupe des visas. À la billetterie, la négociation semble rude sur les excédents de bagages. La machine est en route, je le sens, comme un navire dont la coque vibre en prenant de la vitesse après avoir quitté le port.

En sortant, je fais part à Nadjeebullah des réflexions alarmistes d'Alain.

— Tu sais, me dit-il, je comprends ses réserves, mais moi, je te l'avoue, je suis très heureux. J'ai toujours voulu faire de la chirurgie cardiaque et là, tu me proposes de participer, sous la direction de Daniel, à la première opération à cœur ouvert jamais réalisée en Afghanistan. Quand j'étais jeune interne en chirurgie thoracique et que mon chef de service opérait l'œsophage ou les poumons d'un patient, j'étais toujours fasciné de voir le cœur et les gros vaisseaux dans le champ opératoire. Je voulais les toucher, et je trouvais souvent un moyen de le faire, même quand j'étais deuxième aide opératoire. Mon rêve, alors, c'était de devenir le premier chirurgien cardiaque de mon pays.

Soudain, mon téléphone vibre. Un SMS de Fabienne : « Deux vols Hercules confirmés, 12 et 19 novembre, 2 X 33 m^3. On va y arriver. »

Je montre le message à mon ami afghan.

— On va y arriver, tu crois ?

Il me regarde avec un bon sourire.

— *Inch' Allah !*

« *Never give up* »

Novembre 2005

Nadjeebullah et moi montons à bord du vieux Boeing 727 de la compagnie Ariana, destination Kaboul, et je me dis que nous sommes encore un peu trop jeunes pour mourir. Afzal, qui a observé son dépliant avec tant d'attention, verrait sans doute tout de suite les différences entre son bel Airbus A320 et ce coucou afghan, notamment sa peinture défraîchie et les traînées de rouille de l'aileron arrière. Dans le duty-free de l'aéroport de Dubaï j'ai trouvé une maquette du dernier A380 dont le prospectus sur papier glacé offre une vue sur la cabine des passagers et un gros plan sur le cockpit. Avec ça, mon petit Afzal, nous montons en gamme, tu vas avoir une sacrée surprise !

Au cours de ces voyages entre Paris et Kaboul, l'escale à l'aéroport de Dubaï nous ouvre la porte d'un autre monde. Les passagers des vols venus d'Occident sont accueillis dans un luxueux terminal avec cascades de lumières, boutiques dignes de Bond Street ou du Faubourg-Saint-Honoré, zone hors taxes où l'on peut gagner une Bentley ou une Ferrari à la loterie, puis dans un autre terminal desservant l'Orient et l'Afrique, nous découvrons un hangar amélioré où déambulent Africaines en boubous, replètes Indiennes en sari, vieux barbus, jeunes hommes en blousons de skaï. Finis les sacs Louis Vuitton et les valises Samsonite sur les chariots à bagages. Voici les cartons ficelés, sacs de sport bourrés à craquer, valises en carton-pâte fermées par une ceinture. Au duty-free d'Orient, les voyageurs font des achats utiles pour de modestes cadeaux – piles électriques, gadgets électroniques, jouets d'enfants, barres de chocolat géantes.

Nous montons dans ce vieux Boeing qui m'angoisse toujours un peu et la présence de Nadjeebullah, d'un calme olympien, me rassure. D'autorité, je m'octroie le siège près du hublot, n'imaginant pas ce voyage sans regarder les vastes étendues désertes que nous survolons, ces montagnes et vallées formant des plis dans les roches comme dans un tissu de velours ocre. Ce fascinant désordre minéral, témoin des premiers âges tumultueux de notre planète, finalement, m'endort. Les semaines qui ont précédé ce voyage ont été épuisantes, une recherche effrénée de matériels et de financements. Avec Nadjeebullah Bina, nous partons en reconnaissance avant l'ouverture de l'hôpital prévue dans seulement quelques jours.

**

« NEVER GIVE UP »

À l'aube, Nadjeebullah me réveille avec une tasse de thé. Je suis frappé par sa gentillesse et m'étonne encore une fois du contraste entre l'amabilité de la plupart des Afghans que je connais et la violence qui domine l'histoire de ce pays.

Le thé est brûlant, par le hublot, la lumière du soleil levant aveuglante. Un réveil stimulant.

— Dis-moi, Nadjeebullah, il y a une chose que je ne comprends pas chez vous.

Il tourne vers moi son regard perçant et esquisse un sourire dans lequel je décèle un brin d'ironie.

— Quoi donc ?

— Pourquoi, en 1989, après la défaite des Soviétiques et la mort de plus d'un million deux cent mille Afghans, vous êtes-vous lancés dans une guerre civile au lieu de célébrer la paix ?

— C'est difficile à comprendre, mais les Afghans, à mon avis, n'y sont pas pour grand-chose. Nous aurions pu nous entendre entre nous, à notre façon, entre Pachtounes, Tadjiks, Hazaras, tous les peuples qui forment l'Afghanistan. Mais Pakistanais et Américains ont voulu s'en mêler. Chacun avait trouvé chez nous son illuminé préféré, son salaud présentable. Tous autant qu'ils étaient voulaient surtout s'approprier le gâteau des aides à la reconstruction. Tu avais des types comme Gulbuddin Hekmatyar, le chef du parti islamiste Hezb-e Islami, dont on dit qu'il a tué dans sa vie plus d'Afghans que de Soviétiques. Il était soutenu par les Pakistanais et les Américains qui l'ont maintenant mis sur leur liste des terroristes internationaux. Sans doute l'appréciaient-ils parce qu'il était l'un des seuls chefs de guerre à bien parler l'anglais ! Il y avait aussi Buranuddin Rabbani, le chef de Jamiat-e Islami, accroché à son poste de président du pays durant la guerre civile et qui a refusé de passer la main pour arrêter le massacre[1], sans parler du général Abdul Rashid Dostum, dont on ne compte plus les victimes afghanes, qui a combattu aux côtés des Soviétiques avant de rejoindre les moudjahidines. La guerre a rendu fous tous ces gens et leurs hommes, et elle a rongé le peuple afghan comme un cancer.

Nous survolons l'Hindou Kouch, sa succession de cimes à l'ouest de l'Himalaya. Soudain la vieille carcasse du Boeing vibre et bascule. J'ai le cœur dans la gorge alors que l'appareil entame une descente rapide. Nous atterrissons après quelques vigoureux rebonds sur la piste de l'aéroport de Kaboul.

L'immense sourire d'Aghashrine nous accueille. Dans la Nissan bleu pétrole, il se tourne vers moi.

— *Mister Blam blam blam, very good,* dit-il, levant le pouce en l'air.

Alors que nous filons vers le chantier de l'hôpital, mon anxiété croît à la pensée de ce que je vais

---

1. Rabbani a été tué le 20 septembre 2011 dans un attentat-suicide. Nous en reparlerons plus loin dans ce livre.

découvrir. En arrivant, j'observe deux choses : la fresque de l'entrée est terminée, et Jacques Marcandella me salue vêtu d'une chemisette à manches courtes alors qu'il fait un froid vif sous le ciel bleu.

— Salut, Éric. On n'a pas chômé, tu vas voir !

Je présente Nadjeebullah à Jacques.

— Le futur plus grand chirurgien cardiaque d'Afghanistan.

Jacques lui serre la main.

— Enchanté, Bina. Venez, ça va vous plaire.

Nous visitons le bâtiment avec une certaine excitation. Je comprends vite pourquoi Jacques est en tenue estivale : une douce chaleur règne dans les lieux. Les radiateurs sont brûlants. Sans être un chauffagiste diplômé, je sais ce que cela implique : de l'électricité et des canalisations en circuit fermé. J'adresse une moue admirative à Marcandella qui affiche un air ravi, ce qui n'est pas vraiment son genre.

— Hier matin, on a mis en pression la centrale chaud-froid. Je vais pousser un peu le circuit pendant quarante-huit heures pour le tester. En même temps, je gagne du temps sur le séchage des enduits et des peintures. Je marche sur les deux générateurs SDMO de 350 KVA qui tournent comme des horloges.

Béatement, j'acquiesce même si j'ignore ce qu'est un KVA et ce que signifie le sigle SDMO. La seule chose dont je me souvienne à ce propos, c'est d'une facture salée.

Marcandella oserait nous prendre la main qu'il le ferait pour nous conduire plus vite encore et nous faire admirer toutes ses merveilles. Nous sommes dans le secteur des consultations, un espace étincelant avec son carrelage blanc – « sur 35 mètres de profondeur », précise Jacques –, sa peinture fraîche et douze portes qui ferment autant de cabinets d'examens équipés d'un lavabo – « et ils marchent ! ». Toujours enthousiaste, il nous le prouve en ouvrant un robinet. Heureux, nous suivons notre guide dans l'escalier où travaillent encore deux peintres, puis entrons dans la zone du bloc opératoire. Après avoir traversé le vestiaire des hommes au pas de course, Jacques ouvre d'un geste triomphal la double porte de la salle d'opération numéro 2 dans laquelle des ouvriers nettoient à l'aide de grosses éponges le socle d'une table flambant neuve déjà fixée au sol. Nous commençons à nous extasier quand Marcandella, une télécommande au bout du bras, lance : « Attention ! » La table monte, descend, s'incline, tourne. Tels des gamins au pied d'un sapin de Noël, nous poussons des cris de joie. Un magnifique scialytique attaché au plafond s'allume et se focalise sur la table. Sans même se dire un mot, Nadjeebullah et moi nous installons face à face, comme pour commencer à opérer.

— Il ne manque plus que le patient, dit-il en riant.

Je reste sans voix, ne trouvant aucun mot pour

exprimer ma joie. Jacques coupe court aux effusions en annonçant que la salle numéro 1 sera terminée en fin de semaine.

— Bon, si on tient le planning, hein ?

— Mais Jacques, tu m'avais dit que les miracles, tu ne savais pas faire ?

Il ébauche un sourire satisfait et hausse les épaules.

— Allez venez, on va voir la réa.

Dans la salle de réanimation, une dizaine d'ouvriers installent les conduits d'oxygène et les prises électriques à la tête de chacun des seize lits. Deux carreleurs travaillent au fond de la pièce, terminant les derniers mètres carrés non encore recouverts.

— Dans trois jours, nous dit Jacques, cette salle sera terminée. J'ai encore un problème avec la pression du circuit d'oxygène mais Martial est sur le coup.

Nous suivons le chef de chantier dans le couloir qui mène aux salles d'hospitalisation. Nadjeebullah se penche vers moi et murmure, en désignant Marcandella d'un coup de menton :

— Un type comme lui, pendant une guerre, tu es content de l'avoir dans ton camp.

Le premier étage de l'hospitalisation est terminé à l'exception de deux chambres dont la peinture est en cours.

Bouleversé par cette visite, je m'assieds sur le bord d'un lit. Ça y est, l'hôpital existe. Un instant, j'éprouve un léger vertige.

— C'est un travail de titan, dis-je dans un souffle.

— Quoi ?

Je hausse la voix.

— Je disais : tu as accompli un travail de titan.

Jacques me regarde, embarrassé par le compliment.

— Pour l'instant, me dit-il, on n'a pas encore fait le deuxième étage.

Nous repartons vers l'entrée d'un pas plus lent. Je ne cesse de marmonner : « C'est magnifique, c'est incroyable », et Marcandella me jette des coups d'œil amusés.

— Mais comment as-tu fait, Jacques, pour aller à cette allure ?

— Eh bien, j'ai doublé les équipes, allongé de deux heures la durée du travail quotidienne et proposé aux volontaires de venir le vendredi après la prière.

Marcandella s'approche de moi.

— Et puis tu sais, je les ai vus, tes deux minots, là, chez Kate. On ne peut pas dire qu'ils pètent la santé. Alors ça m'a mis la pression. Tu m'avais dit, pas plus d'un mois. En les voyant, j'ai compris que tu ne m'avais pas baratiné. Maintenant, c'est à vous de travailler, les gars. Démerdez-vous pour les sauver, ces petits.

Allez viens, on n'a pas vu la radiologie. J'ai un problème de variations de puissance électrique pour le scanner, purée ! De vraies montagnes russes !

*
* *

« *NEVER GIVE UP* »

Toute vêtue de noir, une grande étole blanche posée sur ses cheveux et ses épaules, Kate nous accueille à la porte de La Maison des Enfants, dans le jardin déjà dépouillé par l'hiver qui approche. Une ribambelle de gamins tournent autour d'elle, certains plâtrés, d'autres couverts de pansements, d'autres encore manœuvrant leurs fauteuils roulants avec maestria. Ils sont joyeux et curieux à notre égard.

À l'intérieur de la maison, un gros poêle à bois Primus diffuse une agréable chaleur. De la cuisine s'échappe l'odeur de légumes cuits pour le repas de midi. Dans la pièce des hommes, les pères, grands-pères ou oncles des enfants sont assis, dignes et silencieux. Ils offrent à la vue l'extraordinaire éventail des ethnies afghanes dont me parlait Nadjeebullah dans l'avion tout à l'heure. Un vieux Pachtoune, sec et droit comme un i, coiffé d'un turban blanc impeccable, est enveloppé d'un grand manteau usé mais propre sur lequel on devine d'anciennes broderies. À ses côtés un Hazara, yeux bridés et sourire aimable, porte un costume de grosse laine. Dans son pantalon ample et sa longue veste, le Panshiri a gardé son *pacol*, le béret de laine roulé rendu célèbre par le commandant Massoud. Un Nouristani, enfin, sa couverture brune, le patou, posée sur les épaules, nous regarde entrer avec ses yeux clairs d'un éclat particulier.

La main droite sur le cœur, nous échangeons des *salam aleikoum*, un geste simple, une offre de paix, la plus belle des promesses. Nadjeebullah entame une conversation avec eux, puis se tourne vers moi.

— Ils veulent savoir si tu fais partie de l'association des « French doctors » qui était en Afghanistan pendant l'invasion « impie ».

J'hésite un instant en pensant à toutes ces scissions depuis Médecins sans frontières.

— Oui, dis-leur que je fais partie de l'association des French doctors.

Au fond, malgré nos vieilles querelles de chapelles, c'est la vérité.

En montant l'escalier, Nadjeebullah m'adresse un sourire triste.

— Tu vois, les Afghans peuvent très bien vivre ensemble. Il suffit qu'ils pensent à l'essentiel, la santé de leurs enfants, par exemple.

Nous arrivons devant la chambre d'Afzal, et par la porte entrouverte je vois Alexander faisant le pansement de l'enfant. Devant la porte, Kate pose un doigt sur ses lèvres pour nous intimer le silence puis avance à pas feutrés vers le lit. Afzal, enfin, l'aperçoit et leur joie commune nous fait plaisir. Le garçonnet, manifestement, a repris des forces.

— Bonjour, Alexander. Avec quoi dopes-tu ce petit pour l'avoir regonflé comme ça ?

Alexander nous embrasse et dit qu'il est heureux de nous revoir. Il connaît bien Nadjeebullah.

« *NEVER GIVE UP* »

— Pour Afzal, je crois que j'ai trouvé le bon équilibre. J'ai retiré la perfusion depuis dix jours et n'utilise plus que la sonde pour l'alimenter avec la solution de nutrition que m'a conseillée Véronique Abadie, à Necker. J'ai suivi sa prescription : 1 500 millilitres, soit 1 500 calories par jour, et surtout, j'ai ralenti le débit. Cette quantité passe en huit heures, grâce à la pompe électrique que vous m'avez envoyée de Paris. C'est fantastique : Afzal a pris 2 kilos et n'a plus de diarrhées.

Quelle joie de revoir le petit Afzal en si bonne forme ! Je sors de mon sac la surprise du chef, la maquette du A380. Dans un élan inattendu et sincère, Kate la saisit et m'embrasse.

— *Oh, thank you Eric, how cute !*

Se tournant vers Afzal, elle lui tend le petit avion avec un tendre sourire. À mon grand regret, Afzal ne montre aucun enthousiasme. Il observe l'A380 d'un air concentré, puis le pose dans un coin du lit et ressort de sous son oreiller le dépliant de l'A320. Patience, me dis-je. Afzal va comparer les deux avions et se rendra dans quelques jours à l'évidence : c'est le mien le plus beau.

— Alexander, lui dis-je, allons voir Yalda, maintenant.

Le jeune pédiatre ne sourit plus. Il acquiesce d'un hochement de tête et nous sortons.

À peine la porte de la chambre de Yalda ouverte, je comprends que la situation est grave. Le lit de la fillette a été poussé jusqu'au mur, l'enfant, épuisée, est assise, ses petites jambes maigres pendant dans le vide, sous l'image du dauphin rieur et du pélican. Yalda porte une sorte de monture de lunettes qui soutient deux tuyaux pénétrant dans ses narines. Ils lui apportent l'oxygène qu'elle aspire dans un bruit de succion. Une perfusion est plantée dans son bras gauche. Comme toujours Yasmina, sa mère, se tient, silencieuse, au chevet de sa fille. Toutes deux nous regardent fixement, comme si elles attendaient un geste qui mettrait un terme à cette souffrance, libérerait l'enfant oppressée et la mère affligée.

Nadjeebullah emprunte le stéthoscope d'Alexander et ausculte la fillette, écoutant les ronflements de ce cœur défaillant. Puis il demande à la mère de le rejoindre dans un coin de la pièce et lui parle à mi-voix, d'un ton calme. Yasmina écoute mais ne dit rien, hochant parfois la tête de façon nerveuse, et revient s'asseoir près de sa fille. Nadjeebullah caresse du doigt la joue de l'enfant. Bouleversés, nous quittons la pièce.

— J'espère que vous avez des idées pour Yalda, nous dit Alexander, de l'urgence dans la voix. Moi, je ne sais plus quoi faire.

Nous sommes dans le bureau de Kate, tentant d'analyser la situation. Je demande à Nadjeebullah ce qu'il a dit à la mère de la petite fille. Il réagit avec vigueur.

— Que veux-tu que je lui dise ?

Il nous regarde, l'air farouche. Je suis interloqué par son ton excédé.

« NEVER GIVE UP »

— Je lui ai dit la vérité. Et la vérité avec un grand V, comme vous dites en France, c'est qu'elle est foutue, cette enfant. Elle ne s'en sortira pas. Elle a un trou de la taille d'une pièce d'un euro entre les deux ventricules. Il aurait fallu l'opérer il y a huit ans !

Respectant sa colère, nous restons silencieux. Il reprend la parole.

— Cette femme a déjà perdu son fils aîné de la même maladie. Elle sait très bien ce qui attend Yalda.

— Et nous, on fait quoi ? On attend et on regarde, c'est ça que tu proposes ?

En moi aussi la colère monte. J'attrape le petit panneau de Kate posé sur son bureau, « *Never give up* ».

— Tu vois ça, Nadjeebullah ?

— Mais je n'abandonne rien, hurle-t-il. Bien sûr qu'il faut l'opérer. Il n'y a qu'une chance sur mille qu'elle s'en sorte, mais il faut la tenter.

— Bon, dis-je plus calmement. Alors on est d'accord.

— On est d'accord, Éric, mais permets-moi d'être en rage quand je vois un enfant dans cet état dans mon pays. Voilà où nous ont conduits la bêtise, le fanatisme, tous ces fous de je ne sais quel Dieu qui se sont acharnés à nous laisser dans la misère, l'ignorance et la maladie. Ils ont prospéré sur notre malheur.

Il respire fort.

— Pardonnez-moi de m'être emporté, dit-il d'une voix sourde au bout d'un instant.

Alexander se lève et pose sa main sur l'épaule de Nadjeebullah, effondré sur sa chaise. Kate essuie une larme et remet en place sa petite pancarte.

Nous restons perdus dans nos pensées. Je finis par rompre le silence.

— Bon. Nous sommes tous d'accord, on opère Yalda ? On demande à Daniel Roux et à son équipe de venir à Kaboul ? Vu l'état de l'hôpital, moi je suis pour. Nadjeebullah ?

Il lève les yeux au ciel.

— Oui, oui, bien sûr, moi aussi.

— Kate ?

Elle prend son petit écriteau et le lève à la hauteur de son visage.

— *Never give up !*

— Alexander ?

Il soupire et laisse son regard flotter vers les montagnes enneigées qui entourent Kaboul et que l'on aperçoit des fenêtres de la pièce.

— Je craignais votre décision, en même temps je l'attendais. Nous allons inaugurer l'hôpital avec une opération périlleuse, mais nous n'avons pas d'autre choix que d'essayer de sauver cette enfant. Donc, oui. Allons-y.

Nous sortons tous les trois du bureau à pas lents en direction de l'escalier, et passons devant la chambre d'Afzal dont la porte est entrouverte. Kate tire ma manche et désigne le petit garçon, allongé

« *NEVER GIVE UP* »

sur son lit, qui tient d'une main la maquette de l'A380, de l'autre le vieux dépliant sur l'A320. Les yeux de l'enfant vont du dessin du prospectus à la maquette : il compare les deux appareils avec attention. Alexander et Nadjeebullah regardent à leur tour Afzal qui ne remarque pas notre présence. De grands sourires aux lèvres, nous repartons à pas de loup, oubliant un instant les efforts dramatiques de Yalda pour survivre encore un peu.

Le sifflet de Mozamel

3 décembre 2005

— Éric, avant d'opérer, je te propose de faire une répétition générale. Il faut que tout le monde joue le jeu. C'est le moyen d'identifier les moindres défaillances.

En arrivant ce matin avec son équipe de cinq personnes venues avec lui de Necker, le professeur Yann Révillon ne veut laisser aucun rôle au hasard.

Le lendemain, un peintre en bâtiment rigolard coiffé d'un turban sale, sa barbe noire perlée de peinture bleu ciel, se retrouve allongé sur un lit d'une des chambres d'hospitalisation. Le type est en pleine forme, mais nous avons besoin d'un figurant pour cette répétition de la première opération de l'histoire de notre hôpital. Demain, Yann, grande figure de Necker-Enfants malades – sans doute l'un des plus célèbres hôpitaux de pédiatrie d'Europe –, va en effet opérer une petite fille, Nahid, sept ans, qui souffre d'une hernie, une intervention banale, « un truc simple », comme dirait Alain Deloche, plus simple, assurément, que de reconstituer l'œsophage d'Afzal. Sauf que rien n'est jamais simple à Kaboul, une ville où voir de l'eau couler d'un robinet relève de l'extraordinaire et où l'électricité, quand elle ne saute pas inopinément, n'est jamais vraiment stable. Mille détails sont à considérer au cours d'une intervention chirurgicale pour pouvoir endormir, opérer puis réveiller un patient sans problème. Une seule défaillance et l'issue de l'opération devient incertaine. Ce pourrait être dramatique pour Nahid et très fâcheux pour l'hôpital qui commencerait son activité sous de bien tristes augures. Nous sommes totalement dépendants des générateurs électriques, de l'extraction d'oxygène, de l'eau, dans un établissement dont les plâtres sont encore frais. Cette misérable hernie sera sans doute l'une des opérations les plus stressantes que Révillon aura à réaliser au cours de sa glorieuse carrière. Si tout va bien, il opérera ensuite Afzal. Après, Daniel Roux arrivera à son tour à Kaboul et rejoindra Nadjeebullah Bina. Tous les deux conduiront alors la première opération à cœur ouvert – le cœur de Yalda – de l'histoire de l'Afghanistan.

Tandis que le peintre en bâtiment fait le guignol dans son lit, mimant la détente alors que ses copains sont au turbin, nous, les « French doctors », tels des comédiens repérant leurs positions sur les planches d'un théâtre à la veille d'une générale, sommes prêts à entrer en scène. À 8 heures

LE SIFFLET DE MOZAMEL

tapantes, les trois coups sont donnés. Un chariot recouvert d'un drap poussé dans le couloir du premier étage par Émilie, l'une des deux infirmières de réanimation de Necker, arrive dans la chambre de notre facétieux figurant. Deux gardiens un peu trop costauds empoignent alors le peintre pour le transporter sans délicatesse du lit au chariot. Le pauvre en perd son turban, découvrant une calvitie précoce et un crâne blanc comme neige au-dessus d'un visage cuivré par le soleil. Embarrassé par la perte de son couvre-chef, il cache sa tête d'un bout de drap tandis qu'Émilie le pousse en direction du bloc. À la porte, l'infirmière actionne la sonnette (qui fonctionne). Apparaît alors Delphine, sa consœur de réanimation de Necker, vêtue d'une casaque chirurgicale bleu pâle et qui ouvre le sas avec le sourire d'une geisha vous invitant à la cérémonie du thé. Le chariot arrive à une ligne rouge tracée sur le sol pour symboliser la frontière entre le bloc, en surpression atmosphérique légère afin de repousser la poussière, et le reste de l'hôpital, ce que nous appelons, dans notre jargon, la limite entre « le propre et le sale ». Notre patient fictif se transborde sur le chariot du bloc qui l'attend dans le sas et repart, poussé par Delphine, vers la salle d'opération numéro 2. Yann et Jalil Wardak – le jeune chirurgien afghan avec lequel j'ai opéré Afzal à l'Indira-Gandhi le mois précédent – l'attendent, coiffés, casaqués, masqués de bleu pâle, les mains en l'air déjà gantées. Notre pauvre peintre ne fait plus le mariole : ne sachant jusqu'où cette comédie va le conduire, il prend peur et s'enfuit en courant. Fou rire général. Une pause s'impose. Yann, après s'être essuyé les yeux d'un revers de main – reconnaissant, en riant, que ce geste allait à l'encontre des règles d'asepsie –, me propose de reprendre le rôle abandonné par notre émotif figurant. Je m'installe donc sur la table d'opération et regarde la suite avec intérêt : pose des champs opératoires, préparation du respirateur par les anesthésistes qui alignent leurs différentes ampoules sur une petite table. Tout semble aller comme sur des roulettes. À Pontoise, j'assisterais aux mêmes gestes. J'entends l'ouverture de la boîte d'instruments et le rangement méticuleux des pinces, porte-aiguilles, ciseaux, sur la console au pied du patient. Puis chacun joue son rôle, mime les gestes qu'exigerait la réalité. Les instruments sont donnés, pris en main, et je vois la surveillante du bloc noter sur son carnet que le bistouri électrique présente un problème d'allumage. Enfin, je suis conduit sur un chariot en salle de réveil et nous n'avons plus qu'à nous réunir pour tirer les leçons de cet exercice.

Dans l'ensemble, Yann est satisfait, même si une cellule photoélectrique d'un lavabo n'a pas fonctionné et que le bistouri a causé un léger souci, deux anomalies qui seront réglées dans la journée.

— C'est parti, dit-il. Je vais juste passer au labo voir où ils en sont, après ça on largue les amarres et on souque ferme !

LE SIFFLET DE MOZAMEL

*
* *

Cette mission chirurgicale de Yann et son équipe est la première de l'histoire de notre hôpital. Pourtant, déjà, il n'est plus très facile de venir à Kaboul. Les temps insouciants des années 2002-2003 semblent lointains. L'insécurité est de retour et je sais qu'il faut désormais convaincre son entourage de la nécessité d'un tel voyage. Femmes, enfants et maris sont inquiets de voir partir un être aimé dans un pays dont les médias ne donnent que de mauvaises nouvelles : kidnappings, attentats et attaques en tout genre.

Notre première expérience de la violence en Afghanistan remonte à un matin de mai 2004. Alors que le café est servi dans le jardin de la maison Bouygues, une énorme explosion fait vibrer le sol et le bâtiment tout entier. Un tourbillon de poussière et de gravats s'élève dans le ciel. À quelque cinquante mètres de là, une autre villa qui abrite, selon la rumeur, une officine américaine de renseignement s'effondre. Cet attentat augure une résurgence de la violence et, pour nous, c'est une mauvaise surprise. Nous flottions jusqu'alors sur un petit nuage, portés par l'euphorie qui a suivi la libération de Kaboul, la disparition progressive, dans les rues de la ville, des burqas des femmes et des barbes des hommes, la promesse d'élections démocratiques et une nouvelle constitution afghane, adoptée le 4 janvier 2004, symbolisant cette renaissance. Commis si près de la base des employés de

Bouygues, cet attentat met soudain aussi en danger la poursuite de la construction de l'hôpital : les dirigeants du groupe décident de rapatrier leurs employés et de se retirer d'Afghanistan. En désaccord avec ce choix, Marcandella plaide pour la poursuite du chantier et finira par l'emporter, même si plusieurs cadres de l'entreprise quittent le pays.

À peine un mois plus tard, le 2 juin 2004, dans la vallée de Qadis, au nord-ouest de l'Afghanistan, à quelque cinq cents kilomètres de Kaboul, deux tueurs à moto tirent sur une voiture de Médecins sans frontières, abattant ses cinq occupants : une jeune Belge, Hélène De Beir, vingt-neuf ans, la nouvelle directrice de la clinique que gère à Khayrhhana, une ville de la région, la branche hollandaise de MSF ; et quatre autres collaborateurs de cette association. Selon la remarquable enquête du journaliste Alain Lallemand pour le quotidien belge *Le Soir*[1], les deux tueurs ont obéi aux instructions du chef de la police locale, Yakub Khan, dont la fonction avait été brièvement menacée. « Celui-ci pensait – et les événements lui ont donné raison – qu'une démonstration ponctuelle de pure violence lui permettrait de réintégrer la position de

---

1. « Pourquoi ils ont tué Hélène De Beir », reportage d'Alain Lallemand, *Le Soir*, 5 juillet 2005.

chef de la police de Qadis avec une légitimité sécuritaire accrue, écrit Lallemand. Pour lui, il était essentiel que ce poste demeure sous contrôle de son clan familial : cette position lui permettait d'engranger les taxes traditionnelles sur le commerce illicite de l'opium. Les meurtres qui ont frappé MSF-Hollande se justifiaient en somme par des considérations mafieuses. »

Après vingt-quatre années de présence continue dans le pays, Médecins sans frontières décide de se retirer. Ce drame et le départ de MSF provoquent chez nous une vive émotion, et pas mal de difficultés. Non seulement Bouygues s'inquiète devant l'insécurité, mais le milieu médical aussi. De moins en moins de médecins, chirurgiens, infirmiers ou techniciens sont volontaires pour se rendre en Afghanistan. À La Chaîne de l'Espoir, nous avons de longues discussions à ce sujet mais ne posons jamais la question centrale, simple et cependant indicible : pourquoi mourir pour l'Afghanistan ?

Cette époque voit la fin de l'enthousiasme et d'une certaine insouciance : l'ère du doute et des hésitations commence. De nouvelles attaques auront-elles lieu ? Pourraient-elles viser l'hôpital ? Quel événement, quel signal d'alarme me fera retirer nos équipes du pays ? Il faut trancher, et cette responsabilité m'incombe. La décision est si difficile à prendre qu'au fond je l'esquive et nous n'en parlons plus. Nous continuons, sans rien dire, sans rendre formelle cette décision non exprimée, dans une sorte d'accord tacite, d'obstination collective et muette.

* * *

Rassuré et reconnaissant, je vois ainsi, avec l'équipe de Necker à Kaboul, que nous continuons à avancer, à agir, comme si de rien n'était.

Ce matin du 5 décembre 2005, tout le monde se rassemble sur le pont. C'est pour nous un grand jour : celui de la première opération chirurgicale jamais réalisée dans notre hôpital. Une opération simple mais vraie et nous sommes tous assez tendus. À 8 heures pile j'assiste au départ du chariot, notre jeune patiente à bord. Je la regarde s'éloigner vers le bloc sans la suivre. Pour cette première, je décide de ne pas jouer le surveillant ou l'inspecteur des travaux finis et laisse donc Yann, Jalil et l'équipe de Necker travailler tranquillement.

Alexander bénéficie maintenant d'un bureau à l'hôpital où je vais discuter avec lui des futures embauches et d'autres problèmes administratifs que nous n'avons pas eu le temps d'aborder. Un quart d'heure plus tard, mon téléphone sonne : Delphine me demande de venir d'urgence au bloc. Imaginant toutes les catastrophes possibles, et la liste en est longue, je cours vers le vestiaire, revêt en hâte une tenue chirurgicale et découvre en arrivant en salle que nous avions tout prévu sauf un détail : les embouteillages de Kaboul. Jalil est bloqué dans la circulation et Yann me demande de le remplacer comme aide opératoire. Soulagé que rien d'irréparable ne soit arrivé, je me lave les mains, endosse une casaque, enfile des gants et me place face à Yann. L'ambiance est calme, concentrée, tout se passe bien. L'intervention se termine par la pose de derniers points sur la peau quand Jalil arrive, mortifié, se confondant en excuses. Le ministre des Affaires étrangères, Abdullah Abdullah, se rendait ce matin à l'aéroport, nous dit-il, et par mesure de sécurité, toutes les rues et avenues croisant son itinéraire ont été bloquées. Pendant deux heures, la circulation était impossible dans toute la ville.

— Je comprends, lui répond Yann d'une voix douce, mais ce soir, dors donc avec nous à la Maison des Médecins, ce sera plus simple, demain, pour Afzal.

Demain, en effet, est le jour d'Afzal. Son opération sera longue et difficile et, soudain, j'ai envie de le voir. Un chauffeur de l'hôpital me conduit chez Kate que je trouve, les yeux rougis, assise à son bureau, dans la pénombre du soir, devant un cendrier plein. Surprise, elle éclate en sanglots.

— *Oh, Eric, I am sorry*, me dit-elle en ravalant ses larmes. Je suis très nerveuse pour ce petit Afzal.

— Tout ira bien, Kate.

Elle renifle, se mouche, essuie ses larmes.

— Tu sais Éric, ça fait plus de dix ans que je suis

dans ce pays et j'ai vu des choses épouvantables provoquées par la folie des hommes...

Je m'assieds près d'elle et pose ma main sur la sienne. Elle me regarde, pleure à nouveau puis se maîtrise.

— Je ne sais pas pourquoi, me dit-elle, mais s'il arrivait quelque chose à Afzal, je crois que je ne le supporterais pas. Tu te souviens de sa mère ? Sa douleur de ne pas pouvoir accompagner son fils ? À cause de cette brute de mari qu'on lui a sans doute imposé alors qu'elle était encore adolescente !

Kate émet un petit rire amer, comme un hoquet, et essuie de nouveau ses yeux.

— S'il te plaît, Éric, oublie ce que je viens de te dire. N'en parle à personne, ok ?

— Promis.

— Viens, on va préparer Afzal. Yann veut le voir avant son opération.

Quand nous entrons dans sa chambre, Afzal est radieux. Il joue avec Nadjib, qui l'a habillé. Son A380 dans la main, il exécute une descente en piqué sur son oreiller, redresse au ras du matelas et termine par un looping – une manœuvre qui, à mon humble avis, ne doit pas être une pratique courante avec ce genre d'avion.

Je m'assieds sur le lit qui tient lieu de piste d'aéroport et regarde ce petit garçon souriant.

— Tu sais, Afzal, tu vas voir tout à l'heure un gentil monsieur avec des cheveux tout blancs. C'est lui qui va réparer le tuyau qui relie ta bouche à ton estomac. Après ça, tu pourras manger comme avant.

L'enfant me regarde, écoute la traduction de Nadjib, et prend un air réjoui.

— Qu'est-ce que tu aimerais que ta maman te fasse à manger quand tu rentreras chez toi ?

Il réfléchit. Nous sommes suspendus à ses lèvres.

— Un gabili ! Elle me fera un gabili !

— C'est quoi, un gabili ?

— C'est du riz avec de la viande et d'autres choses encore qui sont très bonnes. Si tu viens avec Kate chez moi, maman t'en fera.

— Et sans Kate ?

— Non. Tu viens avec Kate.

— D'accord, Afzal. Nous viendrons manger un gabili chez toi, Kate et moi.

Content, il hoche la tête.

— Et des mantus, aussi.

— Ah oui, je sais ce que c'est, dis-je avec enthousiasme.

Il s'agit de gros raviolis goûteux et fondants que l'on mange souvent au début d'un repas afghan.

— Ma maman les fait très bien, les mantus.

— J'en suis sûr, Afzal. Nous en mangerons aussi. Pas vrai, Kate ?

Elle se mouche.

— Tu pleures ? lui demande Afzal.

— Non, répond Kate en riant dans ses larmes. J'ai un rhume !

Aghashrine, un grand sourire en travers du

visage, passe la tête dans l'embrasure de la porte et tape un doigt sur son poignet, comme s'il portait une montre, ce qui n'est pas le cas.

— *We go hospital now !*

Dans le bureau d'Alexander, je trouve Yann penché sur un ordinateur portable, Cécile, l'anesthésiste, et Jalil derrière son épaule, écoutant avec attention les explications que le chirurgien français leur donne sur le déroulement de l'opération d'Afzal. Il s'agira de sectionner l'œsophage brûlé pour le remplacer par un morceau du gros intestin. Yann fait défiler sur son écran différents schémas anatomiques et je suis bouleversé devant ces images car je sais qu'elles signifient pour Afzal de longues heures de dissections minutieuses et plusieurs ouvertures du corps, au cou et à l'abdomen. Je les interromps.

— Mes amis, le petit Afzal est ici, si vous voulez le voir.

Avec douceur et des mots simples, Yann explique à l'enfant qu'ils vont lui refaire un tuyau entre la bouche et le ventre pour lui permettre de manger. Jalil traduit, le petit écoute. Yann ouvre son portefeuille et montre au garçonnet la photo d'un autre garçon à peu près du même âge que lui.

— Mon fils, lui dit Yann. Et son beau vélo rouge.

Afzal regarde attentivement la photo et sourit à Révillon qui lui frotte la tête. Ils ont l'air de bien s'entendre, tous les deux.

LE SIFFLET DE MOZAMEL

*
* *

Afzal est au bloc depuis deux heures et je ne sais pas quoi faire sinon attendre. Incapable de me concentrer, je regarde fixement la pelouse devant l'hôpital et j'y revois Bernadette Chirac, une truelle à la main, à ce même endroit qui était alors un terrain vague. C'était le 27 mai 2003, voici un peu plus de deux ans, autant dire une éternité.

Je me souviens de la première dame de France, un profil de médaille, imperturbable, son tailleur Chanel sous le gilet pare-balles, alors que nous descendions en spirale sur Kaboul à bord d'un Transall de l'armée de l'air française dont la carlingue vibrait bruyamment. La manœuvre d'approche consistait à tourner autour d'un axe vertical au-dessus de l'aéroport afin de s'éloigner des montagnes alentour d'où des tirs de missiles sol-air auraient pu partir. Mme Chirac se trouvait dans cet équipage pour tenir sa promesse : elle venait poser la première pierre de notre hôpital, comme elle s'y était engagée.

Quelque temps auparavant, Marine Jacquemin avait contacté l'épouse du président de la République pour lui exposer notre projet. Au cours d'un déjeuner avec le couple présidentiel, la journaliste avait suggéré à Mme Chirac de venir à Kaboul poser cette première pierre.

— Si Marine va à Kaboul, pourquoi n'irais-je pas, moi aussi ? avait-elle dit à son mari qui, finalement, n'y avait pas vu d'objections.

Le chantier n'avait pas encore commencé, les formalités avançaient lentement et je m'étais dit qu'un tel geste de la part de Mme Chirac pourrait relancer l'intérêt du public – et la générosité des donateurs – pour notre futur établissement. C'est ainsi que je me suis rendu pour la première fois de ma vie à l'Élysée, accompagné d'Alain Deloche, impressionné de traverser la cour d'honneur un garde à mes côtés, de sentir le gravier crisser sous mes pieds, de gravir le perron, d'entrer dans ce palais de la République conçu pour une marquise, Mme de Pompadour, éternelle favorite de Louis XV. Mme Chirac m'a vite ramené à la réalité en nous recevant dans un petit salon meublé Empire qui m'a rappelé celui de ma grand-mère. Curieux mélange de simplicité sociale et de prudence politique, elle m'a frappé par sa détermination mais aussi par sa gentillesse. Si l'on devine qu'elle peut être dure, elle démontre aussitôt qu'il n'en est rien.

— Ah, monsieur Cheysson, vous me faites peur avec votre moto, me dit-elle en regardant mon casque alors que nous prenions congé, n'allez pas trop vite, la chaussée est mouillée.

Quelques semaines plus tard, nous nous retrouvons dans l'Airbus présidentiel en partance pour Douchanbé, capitale du Tadjikistan, pays limitrophe, au nord, de l'Afghanistan, où un Transall nous attend pour nous emmener à Kaboul. Alain Deloche et moi avons suggéré à l'Élysée d'être accompagnés par le père Pierre Ceyrac, un jésuite qu'a rencontré Deloche au Cambodge en 1982 et qui, au fil du temps, est devenu pour lui son guide spirituel, pour moi, un ami très cher. Avec Bernard Kouchner et Alain, il fait partie des hommes qui m'ont le plus impressionné. Longtemps actif en Inde auprès des intouchables et des lépreux, il gère un orphelinat de soixante mille enfants à Madras. Ce vieux monsieur de quatre-vingt-neuf ans vient d'être opéré à Paris d'une tumeur à l'oreille et le matin du départ nous venons le chercher aux aurores à l'hôpital Cochin pour le conduire à l'avion de la délégation française. Mal réveillé et un gros pansement sur l'oreille, il sourit, heureux de ne pas rater une si belle occasion. Dans l'avion, Mme Chirac dit son plaisir de revoir cet homme qu'elle connaît depuis longtemps – le père Ceyrac, de surcroît, est corrézien – et qu'elle admire.

À Kaboul, elle est alors la première « première dame » à visiter l'Afghanistan depuis la chute des talibans et la presse locale l'appelle aussitôt « the first First Lady of the world ». Dans la première pierre de notre hôpital, Bernadette Chirac insérera un tube en laiton avec cette phrase, griffonnée sur un bout de papier, du père Ceyrac : « Sauver un enfant, c'est sauver le monde. »

Tandis que mon regard parcourt la pelouse où eut lieu cette cérémonie, je vois Kate errant dans le jardin, seule, enveloppée dans une grande écharpe noire, tirant nerveusement sur une cigarette qu'elle jette à peine allumée. Je passe à la cuisine prendre deux tasses de thé et lui fait signe de me rejoindre. Elle arrive vite, les yeux anxieux.

— C'est trop tôt, Kate. Ne t'inquiète pas. C'est une intervention qui devrait durer quatre heures. Je n'ai reçu aucun message, donc tout va bien.

— *No news, good news ?*

— Voilà, c'est ça.

Jacques Marcandella passe dans le couloir et s'arrête en nous voyant.

— Alors ? nous demande l'empereur romain.

— Rien pour l'instant, Jacques. L'opération n'est pas finie.

Marcandella hoche du chef, puis nous lance :

— Vous avez vu ? On utilise en permanence les générateurs électriques. Ce serait con de prendre le risque d'une coupure de courant avec le réseau de la ville, hein ?

— Ah oui, Jacques, tu as raison.

— Allez, salut.

Il s'éloigne et se retourne.

— Éric, tu me dis quand tu as des nouvelles du petit.

Deux heures et demie plus tard, je suis dans le bureau d'Alexander et relis mes mails pour la troisième fois sans pouvoir en retenir une seule phrase. Yann et Jalil entrent, les traits tirés, bavette et calot encore en place.

— Ça a été difficile pour la dissection intra-abdominale, mais ça va, annonce Yann. Afzal est en réanimation, toujours intubé et ventilé. Cécile préfère être prudente et veut le réchauffer avant de l'extuber.

Il se tourne vers Kate.

— Comme on dit chez toi, Kate, *wait and see*.

Elle avale une grande bouffée d'air.

— On a quarante-huit heures à passer avant de sortir de la zone des turbulences et des complications possibles.

Kate part en réanimation et je la suis. Nous nous tenons à distance d'Afzal autour duquel s'affairent Cécile qui règle le respirateur en tête du lit, et Delphine qui note sur une pancarte les constantes essentielles, pouls, tension artérielle, diurèse, gaz du sang. Émilie dispose sur une paillasse les ampoules de la prochaine perfusion. Très pâle, Kate décide de rentrer chez elle. Quant à moi, je reste et regarde, incrédule, ce ballet bien réglé, me répétant qu'Afzal est notre premier patient opéré de façon complexe, et qu'il se trouve ici dans la première salle de réanimation d'Afghanistan. C'est parti : l'hôpital fonctionne, on ne l'arrêtera plus. Alors que le soir tombe dans cette pièce immense éclairée par des veilleuses et la lumière bleutée du scope où palpite l'électrocardiogramme d'Afzal, des sentiments mêlés m'envahissent : fierté, gratitude et gravité. Delphine allume une petite lampe près du lit, ouvre un dossier sur lequel elle écrit les données vitales de l'enfant. Seul le bruit du respirateur, rythmé comme le souffle d'un dormeur, trouble le silence. Je sors sur la pointe des pieds. Dans le couloir désert, il me vient à l'esprit que la mère d'Afzal devrait être ici, près de son enfant.

J'appelle Kate.

— Je ne te réveille pas ?

— Je n'arrive pas à dormir.

— Demain matin tôt, j'aimerais partir avec Aghashrine chercher la mère d'Afzal. Elle devrait être ici. Sa présence aidera Afzal.

— Oui, mais son mari ?

— Je ne sais pas. Nous verrons.

— Tu as raison. Je vais demander à Nadjib d'appeler le Commandant.

Le matin du 7 décembre, à 6 heures, Aghashrine m'attend devant le portail de l'hôpital au volant de la Nissan bleu pétrole. La nuit a été courte. Nous reprenons la route du Panshir sans nous arrêter au café qui surplombe la rivière pour prendre un petit déjeuner. Kate nous a donné deux thermos de thé, des fruits et des biscuits. Le chauffeur et moi restons silencieux. Hormis cet anglais que je qualifierais de « primitif », nous n'avons pas de langue commune, mais nous nous entendons bien. Aujourd'hui, pourtant, lui et moi sommes tendus. Il prévoit

LE SIFFLET DE MOZAMEL

sans doute des complications avec le père d'Afzal. Moi je pense à ce garçon sous respirateur, seul dans la salle de réanimation, et à la petite Yalda dans La Maison des Enfants. Deux vies à sauver qui occupent mon esprit à plein temps.

Le jour se lève dans une lumière grise. Le ciel est couvert et le froid vif. Arrivés au bord de la rivière qui sépare le village de la route, nous voyons le grand arbre proche de la passerelle abriter le Commandant et la mère d'Afzal dans sa burqa bleue, un minuscule balluchon à ses pieds. Sur l'autre rive, j'aperçois le mari debout. Il a manifestement consenti au départ de sa femme mais nous lance un regard furieux. J'invite cette femme à monter à l'arrière de la voiture et remercie chaleureusement le Commandant qui s'adresse à Aghashrine sur un ton sans appel.

— Il dit qu'il faut attendre, dit le chauffeur.

— Attendre quoi ?

Il hausse les épaules et repart dans un long dialogue avec le Commandant.

— Attendre Mozamel, me dit Aghashrine.

— Mozamel ?

— *Yes. Little brother*, ajoute-t-il.

— Le petit frère de Yalda ?

— *Yes.*

Le Commandant me montre son téléphone portable en souriant et le tapote du doigt.

— Kate, dit-il en désignant l'appareil.

La neige commence à tomber. Nous entendons

le bruit d'un véhicule, puis un klaxon, et la silhouette d'un camion apparaît. Dans la benne, un enfant crie et gesticule. C'est Mozamel qui saute et court vers nous. Le Commandant l'attrape en riant. Agité, l'enfant parle avec précipitation. À travers les explications laborieuses d'Aghashrine, je comprends que Kate a appelé la maîtresse de l'école de Yalda pour la prévenir de notre arrivée et proposer que Mozamel nous rejoigne pour retrouver sa maman et sa sœur à Kaboul. L'enfant a eu peur d'arriver au village du Commandant après notre départ, de se retrouver seul loin de chez lui, d'où son agitation. Je frotte ses cheveux de la main et lui ouvre la portière arrière. Il monte, s'assied à côté de la mère d'Afzal. Le père est toujours sur l'autre rive, une ombre grise, massive, à travers la neige. Je salue le Commandant et nous partons.

Sur cette route difficile, Aghashrine, concentré, conduit en silence. La mère d'Afzal ne dit pas un mot, Mozamel regarde par la vitre la vallée enneigée. Seuls les ronflements du moteur et le grincement lancinant des essuie-glaces sont audibles. Je sens la main de l'enfant sur mon épaule et me retourne vers lui. Il me donne son sifflet taillé dans un bois dur. Je souffle dedans, un son bitonal en sort qui fait rire Mozamel et grimacer Aghashrine. À son tour, l'enfant utilise l'instrument dont le son s'apparente à un cri d'oiseau. Je le soupçonne de l'utiliser comme un appeau. De nouveau il siffle et doit s'interrompre : je suis une nouvelle fois surpris par la brièveté de son souffle. Je l'avais déjà remarqué quand il avait couru le long de la voiture alors que nous partions de chez lui avec Yalda et sa mère. Il me donne son sifflet, je le refuse, il insiste. Je le prends et le remercie. Depuis, ce petit objet de bois est devenu mon grigri, toujours au fond d'une de mes poches.

La neige a cessé de tomber à la sortie de la vallée et nous roulons plus vite en direction de Kaboul. Notre premier arrêt est pour La Maison des Enfants où nous déposons Mozamel. Kate se tient sur le seuil, souriante, mais toujours pâle. Nous conduisons Mozamel dans la chambre de sa sœur dont les yeux brillent du plaisir de le revoir. Sa mère le serre contre son cœur et pleure. Pendant ce temps, Nadjib, le cousin du Commandant, fait entrer la maman d'Afzal dans la maison, lui offre une tasse de thé et lui montre la chambre qu'occupait son garçon avant d'être opéré. La femme a relevé sa burqa. Elle est encore jeune, un visage rond au regard triste. Une larme coule sur sa joue quand je viens la chercher. D'un geste vif, elle rabat sa burqa pour me cacher son désarroi, sans doute, plus que son visage.

En salle de réanimation, Azfal est extubé. Réveillé et conscient, il respire donc sans l'aide de la machine. Quand il aperçoit Kate et sa mère, son visage soudain s'anime. Sa maman pleure et rit à la fois, essuyant ses larmes en appuyant les paumes des mains de son enfant sur ses joues. Si son fils est très faible, son regard reste vif et s'éclaire encore quand Kate sort de son sac la maquette du A380 qu'elle pose sur le scope, dans le champ de vision du garçonnet, au-dessus des oscillations bleu nuit de son électrocardiogramme. Delphine tend un verre d'eau à la mère en lui faisant comprendre qu'elle peut faire boire Afzal. La femme se penche vers son fils, approche le verre des lèvres sèches de l'enfant qui avale une gorgée. Il me semble assister à un miracle. Une larme de la mère tombe sur le visage d'Afzal. L'enfant s'endort, épuisé, une ébauche de sourire aux lèvres. Une chaise est apportée à la maman qui s'assied et prend la main de son fils dans la sienne. Kate et moi partons sans faire de bruit, Delphine sourit et cligne des yeux en guise d'au revoir, comme pour nous signifier en silence que tout ira bien.

La bataille

10 décembre 2005

Les côtes saillantes du thorax décharné de Yalda battent de façon rapide et anarchique, comme les ailes d'un oiseau blessé. Dans la semi-obscurité d'un cabinet de consultation de l'hôpital où les rideaux noirs ont été tirés, le docteur Rahima tient d'une main ferme la sonde d'échocardiographie sur la poitrine de l'enfant en suivant sa progression sur l'écran où l'on observe l'image du cœur. La machine amplifie les bruits de souffle qui varient en fonction de l'orientation de la sonde. Daniel Roux, Nadjeebullah Bina et moi fixons l'écran. Soudain, un son plus aigu se fait entendre, la main de Rahima se fige.

— Arrête, là je vois bien, dit Daniel...

Tendu vers l'avant, il observe l'écran avec attention.

— ... On peut estimer la taille de l'orifice à plus de trois centimètres, murmure-t-il. Le ventricule droit est très dilaté et se contracte mal.

Se redressant, il reprend un ton de voix normal à notre attention.

— Ce n'est pas terrible, mais bon, j'ai déjà opéré des cas plus graves.

Rahima allume le plafonnier dont la lumière nous surprend par son côté blafard et désagréable. Elle éteint la machine, le silence s'impose. Dans cette pièce exiguë, l'espace est soudain rempli par le regard exorbité de Yalda qui fixe Daniel. L'enfant continue à aspirer désespérément l'air dans un bruit de succion et cherche à lire sur le visage de ce grand type qui a regardé l'image de son cœur un signe lui indiquant ce qui l'attend. Elle devine, j'en suis sûr, que sa survie passe entre les mains de cet inconnu. Daniel, sourcils froncés, front soucieux, observe toujours l'écran, bien qu'il soit éteint, puis se rend compte que Yalda le regarde. Il lui adresse alors un grand sourire et lui caresse la joue.

Il se tourne vers Nadjeebullah.

— S'il te plaît, dis à Yalda que je suis arrivé ce matin de France pour réparer son cœur et que tout va bien se passer.

Le chirurgien afghan répète les propos de Daniel à l'enfant qui l'écoute avec intensité.

— Dis-lui aussi que j'ai une fille et que je n'habite pas loin de la mer où il y a des dauphins. Je dis ça parce que j'ai cru comprendre qu'elle les aime bien, les dauphins.

Yalda ébauche un sourire qui traverse un instant son visage épuisé.

J'ouvre la porte du cabinet de consultation et vois Yasmina et Mozamel qui attendent, assis dans le couloir. Mozamel bondit de sa chaise et fonce vers sa sœur pour s'asseoir sur son lit. Sans prononcer un mot, il regarde droit devant lui, l'air buté. Sans doute pense-t-il qu'en l'absence de son père, il doit assumer le rôle de l'homme, chef de la famille afghane. Si ce dernier était là, il veillerait sa fille, comme lui veille ce matin sa grande sœur. Dans le couloir, Nadjeebullah à ses côtés prêt à traduire, Daniel explique longuement à Yasmina la nécessité d'opérer Yalda, la gravité et les difficultés de l'opération, les risques encourus. La traduction me semble très courte, mais ce n'est pas la première fois que Nadjeebullah s'entretient avec Yasmina. Elle l'écoute, silencieuse, résignée, épuisée aussi par tant de nuits sans sommeil. Puis d'un air triste elle regarde Daniel et lui répond d'une phrase que Nadjeebullah traduit :

— Oui, merci docteur. Je sais cela depuis longtemps. Que Dieu vous guide et protège mon enfant.

**
* **

En fin de journée, je rends visite à Afzal à La Maison des Enfants. Je le trouve, assis sur une chaise, devant une petite table sur laquelle sont posés un bol et une cuiller. Le garçonnet sourit en me voyant. Je dis mon plaisir devant sa bonne mine. À ses côtés, sa mère est radieuse

— Tu vas voir, me dit Kate qui m'a promis une surprise.

Elle regarde Afzal, enthousiaste.

— Vas-y, montre à Éric.

Le petit garçon prend sa cuiller, la plonge dans le bol rempli d'un bouillon clair, me jette un regard malicieux, puis porte sa cuiller pleine à la bouche. Sans me quitter des yeux, il avale son contenu d'un air triomphant.

Ce spectacle me remplit de joie. Pour cet enfant, ce geste banal n'est rien d'autre qu'un miracle. Kate applaudit, sa mère rit aux éclats.

Une bouffée de bonheur m'envahit, j'en bafouille.

— C'est merveilleux !

— On lui a enlevé sa sonde de gastrotomie avant-hier, m'explique Kate. Maintenant, il mange exclusivement par la bouche. Encore quelques jours de nourriture liquide puis semi-liquide, comme Yann l'a prescrit, et nous passerons aux aliments solides.

Ce soir, Nadjeebullah et moi dînons avec l'équipe de Toulouse à la Maison des Médecins. Je donne les bonnes nouvelles d'Afzal, ce qui réjouit tout le monde, puis la conversation revient sur Yalda, bien sûr, qui sera opérée demain, et Daniel semble se contrôler pour ne pas faire éclater sa colère.

— Tu sais Éric, des Yalda, j'en vois partout. Au Mali, au Cambodge, au Sénégal, en Irak, je vois chaque fois des centaines de Yalda. C'est l'histoire de ma vie. Il serait temps d'arrêter ce massacre.

— C'est ce qu'on essaie de faire avec cet hôpital, Daniel. Maintenant, en Afghanistan, on pourra les sauver.

— Oui, à condition de les diagnostiquer tôt. À l'âge de Yalda, la situation est infernale. Soit on ne fait rien et elle va mourir asphyxiée dans des conditions abominables. Soit on l'opère, et on s'expose à la perdre sur la table. Voilà.

Il se lève.

— Bon allez, *Inch' Allah*, comme on dit ici. Pardonnez-moi, les amis, je suis crevé et je vais me coucher, la journée de demain sera dure.

11 décembre 2005

Silencieux, je me suis assis dans un coin de la salle d'opération numéro 2 et regarde cette équipe soudée, habituée à travailler ensemble depuis de nombreuses années. L'intervention d'aujourd'hui sera difficile, mais je sais qu'avec eux Yalda est dans les meilleures mains qui soient.

L'enfant est installée sur la table et Jean-Claude, l'anesthésiste de Toulouse, assisté d'un jeune confrère afghan, met une perfusion en place dans le bras droit pour injecter les produits qui endormiront la fillette et un cathéter dans l'artère radiale, à gauche, afin de contrôler sa pression artérielle. Dans un autre angle de cette vaste salle,

Ghislain, le pompiste, prépare sa machine pour la circulation extracorporelle du sang. Cet engin, appelé « CEC », fonctionne comme un cœur et un poumon artificiels. Il prendra le relais de ces deux organes après l'arrêt du cœur et pour le temps de la réparation. Ghislain a testé sa CEC toute la journée d'hier. Aucune défaillance n'est possible. Au pied de Yalda sont placées les deux infirmières de bloc, Michelle et Myriam. La première prépare le matériel chirurgical, la seconde met en place une sonde urinaire, la diurèse étant un élément de surveillance indispensable pour les heures à venir. Je regarde cette agitation ordonnée avec une angoisse que je ne parviens pas à gérer. Je vois Yalda les bras en croix, comme crucifiée sur cette table. Je pense à Mozamel, à sa mère Yasmina au regard si triste, à leur verte vallée du Panshir, à leur petite maison accrochée à la montagne.

Daniel et Nadjeebullah entrent en salle, déjà habillés, gantés, les mains en l'air, des lunettes grossissantes posées sur le nez. Aussitôt Jean-Claude injecte son cocktail de produits anesthésiques qui vont plonger Yalda dans l'inconscience. J'y vois pour elle, enfin, un premier instant de repos après des mois de lutte. Je sais aussi le long et dangereux chemin qui la conduira, si elle ne trébuche pas, si son cœur épuisé supporte cette opération, vers la guérison. Aussitôt, la petite fille sombre dans le coma tandis qu'un tube est glissé dans son larynx puis relié à un respirateur qui va prendre la ventilation de ses deux poumons en charge. Après le

Tous les jours, des mères viennent nous confier leurs enfants malades, qui jusqu'alors auraient dû souffrir et mourir pour n'avoir pas eu la chance d'être nés en Occident.
Aujourd'hui, ils sont des milliers chaque année à sortir guéris de l'Hôpital français. La confiance qu'ils nous portent – infirmières, anesthésistes, médecins, français et afghans – nous touche profondément et nous honore. Comme il existe des machines de guerre, notre hôpital est une machine de paix.

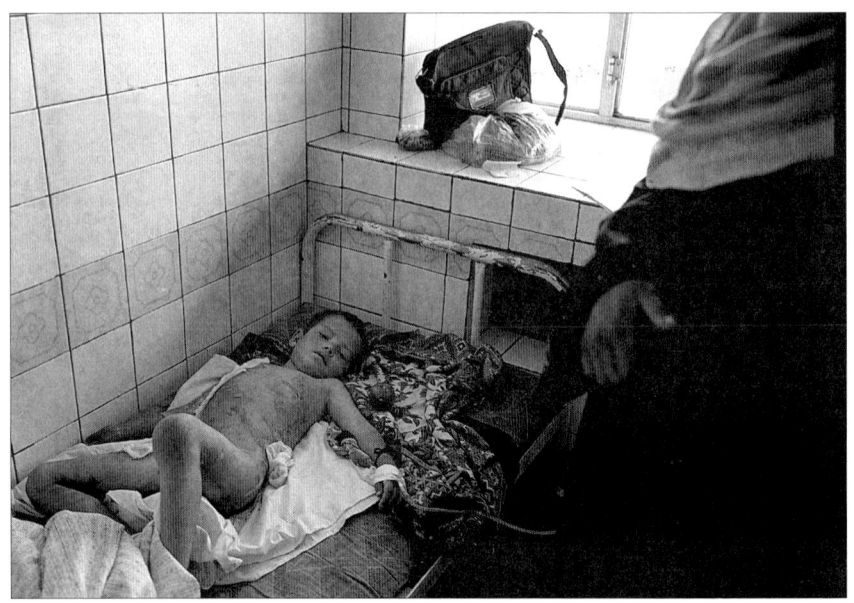

Un petit enfant malade à l'hôpital Indira-Gandhi à Kaboul. Cet établissement pédiatrique était le seul dans la capitale jusqu'à l'ouverture du nôtre. Son état était désolant. Quand je l'ai visité la première fois, tout y était sale et cassé. En hiver, il y régnait un froid minéral au point que, lorsque l'on touchait un morceau de métal, il vous collait aux doigts. En été, les odeurs y étaient épouvantables.

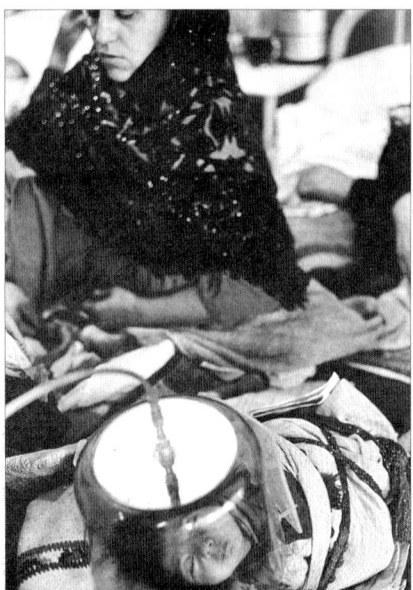

Toujours à l'Indira-Gandhi, un enfant, la tête placée sous une cloche à oxygène d'un autre âge, veillé par sa mère.

Une femme en burqa et son enfant à l'Indira-Gandhi. À l'Hôpital français, nous demandons aux femmes qui entrent dans l'établissement de laisser leur burqa au vestiaire. Toutes acceptent et recouvrent leurs cheveux d'un châle.

L'hôpital, presque achevé. Son architecture est simple et fonctionnelle mais, pour moi, il est splendide. On voit au fond à gauche sur la photo les ruines de l'élégant bâtiment qu'était le vieil hôpital Ali-Abad, longtemps vitrine de la médecine française en Afghanistan, aujourd'hui carcasse de pierre criblée d'impacts de balles et d'obus.

Fin 2005, Jacques Marcandella me fait visiter la première salle d'opération, avec les scialitiques déjà branchés. Nous pourrons opérer dans quelques jours, enfin ! Un véritable exploit.
Cet homme, grande gueule et grand cœur, a repoussé les limites de l'impossible pour terminer le chantier au plus vite afin que nous puissions opérer nos premiers petits patients.

8 avril 2006. Dans le joli petit « cloître » de la Maison des médecins, évènement exceptionnel, je mets une cravate ! Mais c'est aujourd'hui le jour de l'inauguration officielle de notre hôpital... Une émotion extraordinaire.

Mme Chirac est revenue à Kaboul pour cette inauguration, et sa solidarité à notre égard a été magnifique. Sur cette photo, elle s'entretient avec Alexander Leis, Bertrand Stos et moi-même. Alexander, notre directeur médical, est un jeune pédiatre allemand. Bertrand, cardiopédiatre parisien, est venu en mission dans la capitale afghane pour identifier les enfants jugés prioritaires pour une opération à cœur ouvert.

Aux côtés du Pr Alain Deloche, le président Karzaï est dans la chambre d'un jeune patient, le jour de l'inauguration. Dans un discours, le président afghan se dira fier de savoir que les enfants de son pays, grâce à notre hôpital, n'auront plus besoin d'aller à l'étranger pour se faire soigner.

Le président Karzaï est en train de visiter l'hôpital… Marie-Noëlle Meyer, anesthésiste infantile française en mission à Kaboul, jette un regard désapprobateur à l'un de ses gardes du corps lourdement armé qui s'est posté en salle de réanimation.

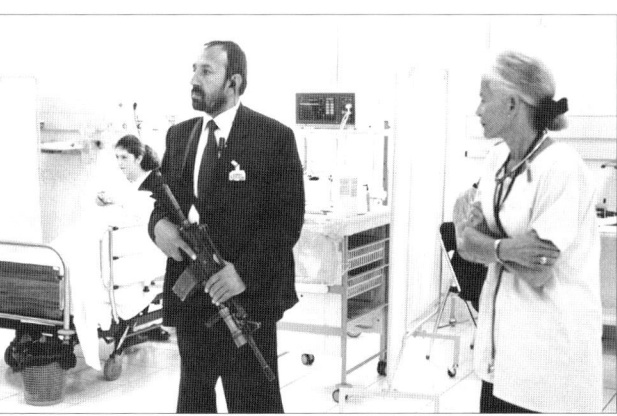

Le prince Karim Aga Khan est également présent à cette inauguration, et nous nous retrouvons avec plaisir. Un hôpital coûte très cher à construire mais, une fois ouvert, il continue à coûter cher tous les jours. Notre rencontre avec l'Aga Khan a été décisive car sa fondation a pris en charge la gestion de l'hôpital tandis que nous en assurons la direction médicale.

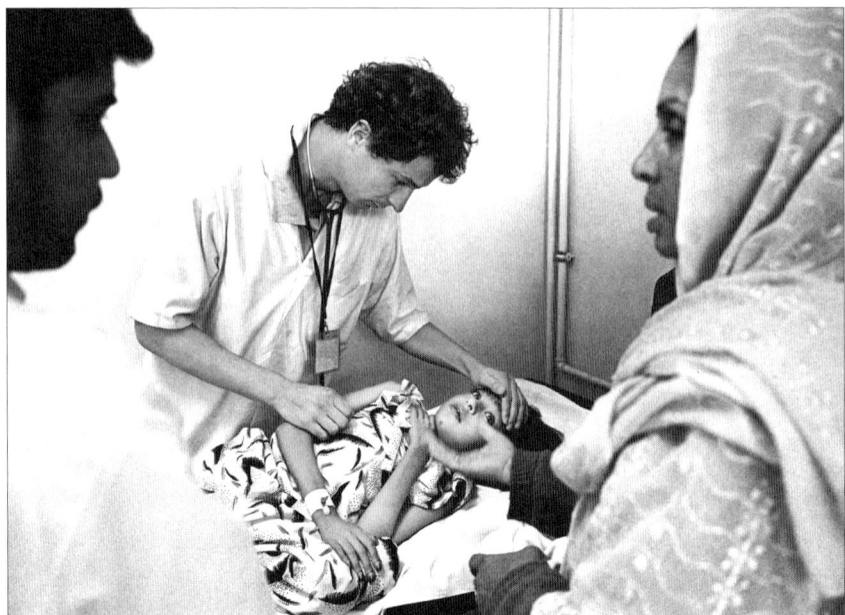

Avec Jalil Wardark, chirurgien viscéral afghan, qui s'entretient avec la mère, Alexander Leïs examine un enfant avant son opération. Chaque semaine, Alexander nous rend compte de l'actualité du pays, de l'hôpital, et termine invariablement ses missives à La Chaîne de l'Espoir par un désormais légendaire et toujours émouvant « Merci pour le soutien ! ».

Deux piliers de la chirurgie pédiatrique dans notre hôpital, en pleine action, face à face sous la lumière du scialitique : Jalil Wardak, à gauche, et l'Espagnol José Uroz. Ce dernier, qui a réalisé un grand nombre d'opérations inédites en Afghanistan, restera plusieurs mois à Kaboul.

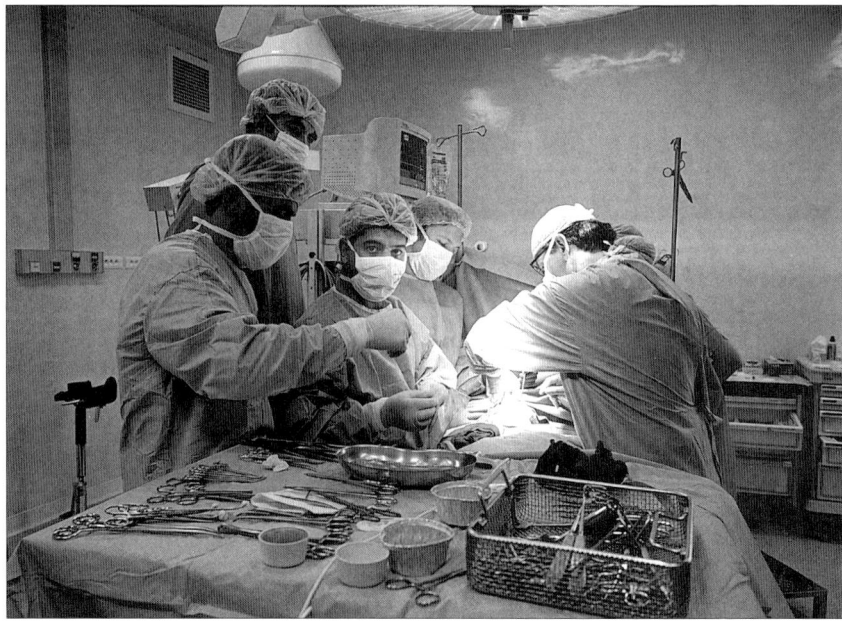

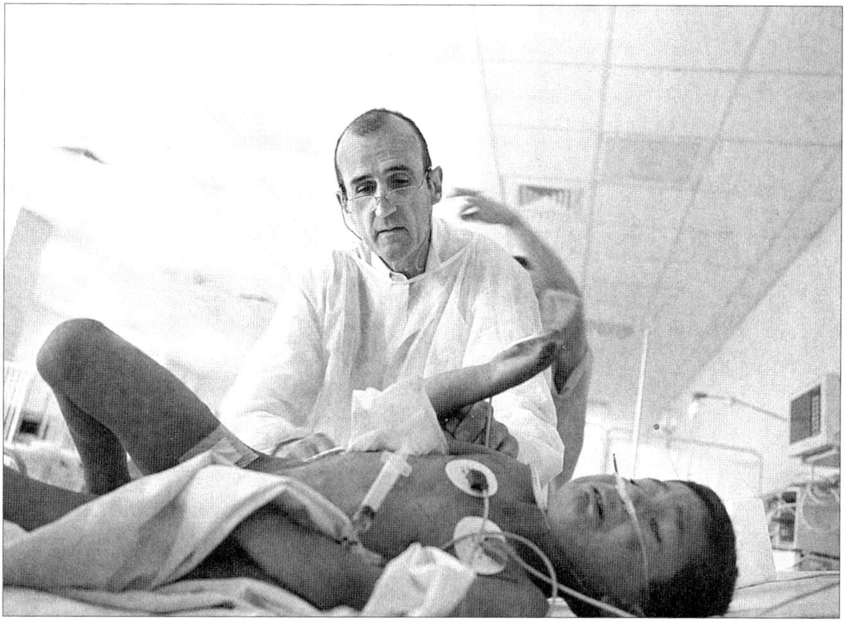

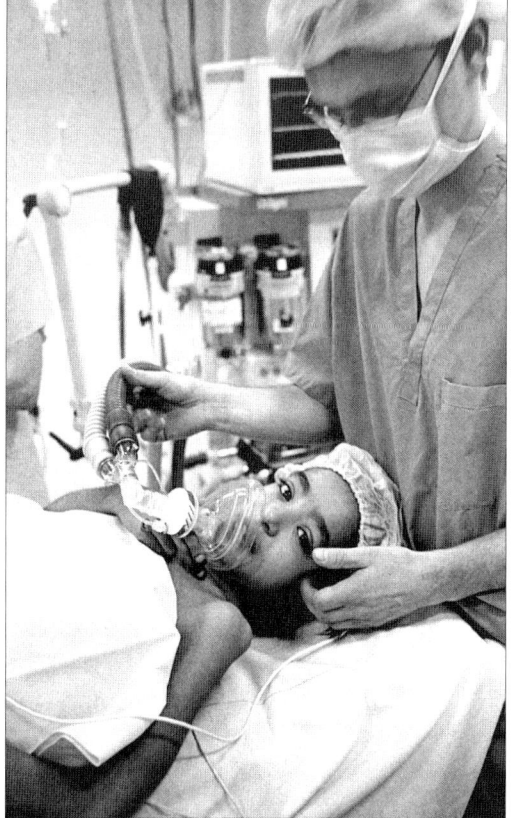

Surnommé la « Land Rover de la chirurgie cardiaque » pour sa capacité à opérer dans les pires conditions, le Dr Daniel Roux, qui a réalisé à Kaboul les premières opérations à cœur ouvert de l'histoire du pays, pose un pansement sur l'un de ses petits patients en salle de réanimation. Il fait partie de ces représentants de l'excellence médicale qui viennent, avec constance, opérer et transmettre leur savoir dans ce pays troublé.

Une petite fille afghane en salle de réanimation avec un anesthésiste. Ce service de réanimation, inédit en Afghanistan, ne serait pas ce qu'il est aujourd'hui sans une femme d'une abnégation admirable : la réanimatrice Françoise Labat.
Françoise a passé plusieurs mois dans notre établissement, travaillant sans relâche pour sauver des enfants.

Kate Rowlands, au marché d'un village de la vallée du Panshir. Cette infirmière anglaise, native de Liverpool, est une figure de légende en Afghanistan, où elle vit depuis près de vingt ans. C'est elle qui a eu l'idée de créer pour l'hôpital une « Maison des Enfants » à Kaboul, destinée à loger, soigner et nourrir les petits patients, et le parent qui les accompagne. Sans Kate, sans tous ceux qui, comme elle, jour après jour, année après année, ont donné toute leur force et leur générosité pour dispenser soins et attention aux plus démunis, jamais notre improbable projet n'aurait pu prendre corps.

badigeonnage de sa cage thoracique, les champs opératoires sont posés : il s'agit de draps bleus qui masquent le corps à l'exception de la zone à opérer et isolent l'équipe chirurgicale des anesthésistes qui se tiennent près de la tête de la patiente. La simple mise en place de ces tissus sur le corps de Yalda me ramène à ma fonction de chirurgien. Si c'était moi qui opérais Yalda, je n'aurais plus sous les yeux cette enfant admirable que je connais maintenant si bien, mais un rectangle de peau encadré de tissu, un espace de quinze centimètres sur vingt qui limite ma perception – et, sans doute aussi, mes émotions et sentiments – à une zone opératoire, un champ technique étroit à ouvrir et à réparer.

À droite de la table, le bistouri à la main, Daniel me jette un dernier regard. Il fait face à Nadjeebullah et se tourne vers Michelle, à son côté :

— On y va, les enfants !

D'un geste ferme et précis, le chirurgien dessine de la lame du bistouri une ligne rouge sur le thorax. Une fois la peau coupée, le cœur est tout près, à quelques centimètres, seulement protégé par l'os du sternum. À l'aide d'une scie électrique, Daniel le sectionne. Le ronronnement persistant de la machine associé à l'odeur âcre qui se répand rend la scène sinistre. Le thorax une fois fendu, les mâchoires d'un écarteur à crémaillère sont glissées entre les berges de la plaie, les tissus se tendent, les articulations des côtes craquent. D'un coup de ciseaux, le péricarde – membrane pellucide entourant et protégeant le cœur – est ouvert. Le cœur, enfin, apparaît, là, sous la main de Daniel qui le palpe, l'explore. Des canules mises en place dans l'oreillette droite et dans l'aorte sont reliées à la machine de circulation extracorporelle, la CEC, qui va prendre, dans quelques instants, le relais du cœur de Yalda.

— En route la CEC, lance Daniel d'une voix ferme.

— En route la CEC, répète en écho le pompiste Ghislain, comme un sous-marinier répétant les ordres du commandant afin qu'aucun malentendu ne vienne troubler la manœuvre.

Les paramètres vitaux de Yalda s'affichent sur l'écran : courbes des pressions artérielles, températures. Celle de son corps est progressivement abaissée jusqu'à vingt-cinq degrés. Ses battements cardiaques ralentissent puis s'arrêtent, son cœur devient froid, flasque, inerte.

— Arrêt de la ventilation, annonce l'anesthésiste.

Je suis si tendu que je ressens des crampes dans les épaules. Voilà, me dis-je, nous y sommes, c'est le moment de vérité tant attendu, l'instant où nous allons redonner vie à ce petit cœur à bout de souffle.

— Aorte clampée.
— 11 h 15.

Le cœur est maintenant isolé de la circulation.

— Départ de la cardioplégie, annonce le pompiste.

Un liquide à quatre degrés est injecté dans le

cœur et de la glace pilée stérile posée autour du muscle cardiaque pendant quelques minutes. Enfin, d'un coup de bistouri, le cœur est ouvert.

— Alors là, dit Daniel, on n'est pas venus pour rien ! L'orifice est encore plus important qu'on le pensait avec l'échographie d'hier. Viens voir, Éric.

Un trou béant relie les deux ventricules.

Ses volumineuses lunettes sur le nez, Daniel effectue la réparation par une série de gestes précis, assisté de Nadjeebullah qui le suit au diapason. À l'aide d'un fragment de péricarde, il fabrique une rustine qu'il coud en plusieurs points au bord du trou avec un fil à peine visible. C'est un travail de dentellière, minutieux et difficile, la paroi du ventricule étant friable, les berges de mauvaise qualité, les tissus fragiles après toutes les années de lutte de ce cœur malade pour continuer son travail de pompe et préserver la vie.

— Je ne l'aime pas, ce ventricule, grommelle Daniel.

Il continue et termine, avec Nadjeebullah, son travail de couture.

— Allez, les enfants, faut pas traîner.

— Soixante-quatorze minutes. Déclampage de l'aorte. Réchauffement.

— Réchauffement, répète le pompiste.

Le réchauffement progressif du cœur se fait par l'intermédiaire de la machine de circulation extracorporelle. Le cœur arrêté reste flasque, alors qu'il devrait repartir spontanément, et l'électrocardiogramme plat. Au bout de dix minutes, Daniel prend deux larges palettes métalliques et les place de part et d'autre du cœur.

— Choc à 10, annonce-t-il.

— Choc à 10, répète la panseuse avant d'actionner le bouton du défibrillateur.

La petite secousse provoque quelques contractions qui, vite, s'épuisent. Le cœur reste inerte.

— Échec. Combien le potassium ? demande Daniel.

— 4,8. Ça va. Ce n'est pas le potassium, répond l'anesthésiste.

La tension devient palpable. Tous les regards sont tournés vers le scope : la ligne de cet électrocardiogramme désespérément plate va-t-elle enfin bouger ?

— Choc à 20, ordonne Daniel.

— Choc à 20, répète la panseuse.

Cette secousse plus forte provoque quelques lents battements du cœur. Daniel scrute le scope, tapote de son index la paroi du cœur, comme si ce geste, affectueux, pouvait le pousser à redémarrer.

— Allez, vas-y petit, murmure-t-il.

Doucement, le rythme s'accélère, la courbe de l'électrocardiogramme s'anime enfin.

— Allez, c'est bien, petit, continue, continue !

Les contractions reprennent, lentes d'abord, puis plus fortes, le scope, lui aussi, semble revivre. À cet instant, on sent la tension baisser dans le bloc, comme un soupir de soulagement collectif et silencieux.

— Arrêt pompe, tonne Daniel.

— Pompe arrêtée, répond le pompiste qui a le même accent chantant et méridional que Daniel.

Assis sur un tabouret dans un coin, je me laisse aller contre le mur pour savourer ce moment. Le bloc reprend son cours normal en vue de la fin d'une intervention difficile : reprise de la ventilation artificielle, vérification de l'hémostase afin que rien ne saigne, puis fermeture, longue et minutieuse, du sternum à l'aide d'un fil d'acier après avoir posé un drain permettant de contrôler la moindre hémorragie, enfin fermeture de la peau. Toujours endormie, maintenue dans un coma artificiel, Yalda est emmenée en salle de réanimation où l'attendent sa mère et Mozamel qui me jette un regard interrogateur. D'un sourire, j'essaie de le rassurer. Comment lui expliquer que les quarante-huit prochaines heures seront cruciales et difficiles, qu'il n'est pas certain, encore, que le cœur va tenir tant il est épuisé par l'effort fourni au cours des dernières années ?

Le lit de Yalda fait l'objet de toutes les attentions : sous le regard de Yasmina, silencieuse, comme recueillie, les appareils de surveillance de la réanimation sont mis en place.

Plus tard, avec Alexander, autour d'une tasse de café dans l'office, je retrouve Daniel et Nadjeebullah, leurs calots toujours sur la tête, le visage marqué par les traces des cordons de la bavette.

— J'arrive de réa, dit Daniel, ils sont obligés de

maintenir des doses très élevées de noradrénaline[1] pour que sa tension soit acceptable. Ils ont des difficultés. Ils n'arrivent pas à la tenir, son cœur est très rapide.

Au loin retentit l'appel du soir du muezzin de la mosquée située non loin de l'hôpital.

— Faudrait lui demander de prier pour Yalda. Elle en a besoin, soupire le chirurgien.

Une remarque prémonitoire. Alors que le muezzin chante toujours, un appel nous propulse dans l'escalier :

— Arrêt cardiaque en réa.

Penché sur Yalda, Jean-Paul effectue un massage cardiaque tandis que le reste de l'équipe prépare les produits à injecter dans la perfusion. Très vite, Daniel évalue la situation, regarde le scope, voit l'augmentation brutale du volume de sang dans les bocaux.

— On la reprend tout de suite au bloc.

En quelques secondes, chacun assume son rôle : préparation de la salle, un brancardage express en continuant de masser le cœur de l'enfant, commande de sang, habillage des intervenants, réinstallation de la circulation extracorporelle. De mon côté, je téléphone à Kate pour lui demander de s'occuper de Yasmina et de Mozamel.

Commence alors un combat acharné contre la mort, combat mené pendant cinq heures par l'équipe chirurgicale qui ne ménage pas son

---

1. Un vasoconstricteur cardiaque.

LA BATAILLE

énergie. Après avoir de nouveau réparé le trou puis réchauffé l'organe, après de nombreuses tentatives de relance, le cœur de Yalda ne repartira pas. Il nous faut se résoudre à ce constat terrible : la bataille est perdue.

Sans un mot, Daniel et Nadjeebullah sortent de la salle opératoire. Il est 2 h 30 du matin. Dehors, dans un froid cinglant, j'appelle Kate. Yasmina est à ses côtés. Mozamel dort. Nous échangeons peu de mots. Le ciel est tombé sur nos têtes.

Fatalisme et volonté

Février 2006

Alexander se sent un peu prisonnier dans l'hôpital et il me voit arriver à Kaboul avec plaisir.

— Comme ça, nous serons deux dans notre cloître. En ce moment, tu vas voir, ce n'est plus la Maison des Médecins, mais plutôt la maison d'arrêt. Les gens de la Fondation Aga Khan interdisent au personnel étranger de sortir de l'hôpital pour des raisons de sécurité. Je ne peux même plus faire un tour à vélo, le soir, me dit-il en soupirant.

Je suis venu pour régler les derniers détails avant l'inauguration officielle de notre établissement, prévue en avril en présence du président Hamid Karzaï, du prince Karim Aga Khan, de Bernadette Chirac et de Philippe Douste-Blazy, ministre français des Affaires étrangères. Nous voulons faire coïncider cette cérémonie avec une nouvelle mission de chirurgie cardiaque de Daniel Roux dont les succès espérés nous consoleront peut-être, un peu, du choc et de la douleur de la mort de Yalda.

Le moment, cependant, paraît mal choisi. En ce mois de février 2006, l'ambiance n'est pas aux festivités franco-afghanes. En ville, la situation est très tendue. Plusieurs manifestations antioccidentales protestent contre la publication en Europe de caricatures du prophète Mahomet jugées offensantes pour l'islam.

Alexander, qui déprime un peu, se demande si nous sommes les bienvenus dans ce pays et s'interroge sur l'universalité de la médecine.

— Les sorties précoces d'enfants malades ou les refus de traitements sont une pratique courante, Éric. Hier encore, des parents ont décidé d'interrompre les soins administrés à leur petit garçon qui était tombé d'un toit et qui se trouvait en réanimation. Je leur ai dit que sa sortie mettait la vie de leur fils en danger et le père m'a répondu qu'ils devaient impérativement rentrer chez eux avec l'enfant, et si celui-ci mourait, eh bien, ce serait la volonté d'Allah ! C'est quand même un peu dur à avaler, pareil fatalisme !

Le lendemain, des militaires français nous amènent un garçon dans un état critique, gravement blessé dans un échange de tirs entre voisins qui réglaient à coups de kalachnikov une vieille querelle de limites de terrain. L'enfant est opéré d'urgence puis placé en réanimation, encore très instable.

FATALISME ET VOLONTÉ

En pleine nuit, un infirmier frappe aux portes de nos chambres, à la Maison des Médecins, nous alertant qu'une famille en colère – celle du garçon blessé – vient d'arriver à l'hôpital. Le père est si furieux que les deux gardes de nuit n'ont pas pu le fouiller.

— Soyez prudents, nous dit-il, il est peut-être armé.

Nous découvrons une famille nombreuse qui a pénétré, contre toutes les règles d'asepsie, dans la salle de réanimation. Un type, petit et trapu, s'agite et vocifère. L'infirmier de garde ne peut pas faire grand-chose pour le calmer. Alexander s'approche de l'homme en colère qui hurle en s'adressant à lui.

— Que dit-il ?

— Il dit qu'il déteste l'Occident et que son pays n'a pas besoin de ses techniques, me répond l'infirmier apeuré.

D'un geste brutal, le père débranche le respirateur et arrache les perfusions de son enfant. Tentant de le maîtriser, Alexander l'entoure de ses bras, j'arrive à la rescousse avec les deux gardiens de nuit. Finalement l'infirmier, puis deux hommes de la famille nous aident à le calmer. Nous le conduisons alors à la grille et l'expulsons de l'hôpital. Sa femme le rejoint, mais les deux jeunes hommes qui nous ont aidés et une tante de l'enfant décident de rester près du petit blessé tandis que l'infirmier rebranche le respirateur et remet les perfusions en place.

AU CŒUR DE L'ESPOIR

Alexander et moi repartons, sans grand espoir de nous rendormir, vers la Maison des Médecins, un trajet de quelques minutes.

— Ici, les comportements sont parfois très étranges, tu sais, me dit Alexander. L'autre jour, une maman inquiète est arrivée à l'hôpital, son bébé malade dans les bras. Elle venait de la région de Bamyan où l'enfant avait été traité pour une pneumonie, le diagnostic habituel dans ce pays même si la pathologie n'a rien de pulmonaire. L'état du bébé s'est aggravé et elle a décidé de nous l'amener : nous avons diagnostiqué une tamponnade du péricarde[1] qui, comme tu le sais, nécessite une intervention chirurgicale d'urgence. Mais cette femme a refusé de donner son accord. Elle devait d'abord, m'a-t-elle dit, en parler à son mari. Lequel se trouvait à plus de mille kilomètres de Kaboul et était injoignable. Je lui ai expliqué qu'attendre mettait la vie du bébé en danger. Bouleversée, elle est néanmoins restée ferme, disant comprendre que son enfant allait mourir sans une intervention rapide, mais préférant qu'il meure plutôt que de décider sans l'accord de son mari.

— Non ?

— Si, Éric, et elle est partie en larmes, son bébé dans les bras. Incroyable, n'est-ce pas ?

---

1. Il s'agit d'un épanchement de liquide, généralement sanguin, dans le péricarde, membrane qui enveloppe le cœur, et cet épanchement gêne les mouvements de l'organe.

FATALISME ET VOLONTÉ

*
* *

En mars, la tension s'apaise, l'inauguration d'avril est confirmée et avec elle la nouvelle mission de Daniel Roux. Un cardiopédiatre parisien, Bertrand Stos, passe une semaine à Kaboul pour sélectionner les enfants susceptibles d'être opérés à cœur ouvert durant cette mission. Quand la rumeur se répand dans la capitale et ses alentours qu'un « médecin du cœur » est venu de France pour ausculter les jeunes malades, l'hôpital est pris d'assaut par les familles d'enfants bleus, ces petits cardiaques aux lèvres et aux ongles bleuis par le manque d'oxygène dans leur sang. Elles arrivent en pleine nuit, parfois de très loin. Beaucoup de ces enfants sont à un stade si avancé de leur cardiopathie qu'ils ont peu de chances de survivre à une opération. Pour l'avenir de l'hôpital, et après la mort de la petite Yalda, nous ne pouvons pas nous permettre d'enregistrer un nombre élevé de décès au cours de cette mission. Stos se concentre donc sur des enfants jugés en état de résister à une intervention. Il en retient une vingtaine. La première opération sera celle de Nasrullah, âgé de huit ans, apparemment le plus costaud de tous ces petits cardiaques. C'est un enfant timide au regard vif et curieux, qui lui aussi, comme Yalda, souffre d'un trou entre les deux ventricules du cœur, mais son affection n'en est qu'à ses premiers stades. En deuxième position viendra une jeune fille aux joues roses et au sourire charmant, Elaha, treize ans, affligée d'une grave pathologie cardiaque – une tétralogie de Fallot – détectée par le Dr Stos.

*** **

1er avril 2006

Alors que, sur la pelouse devant l'hôpital, des menuisiers construisent un plancher de bois et une estrade en vue de la cérémonie officielle pour l'inauguration prévue le 6 avril, nous partons rendre visite à la famille du petit Nasrullah qui doit être opéré dans deux jours. J'accompagne Daniel Roux et ses deux assistants afghans, Nadjeebullah Bina et Hashmatullah Nawabi. Ce dernier est un peu plus âgé que Nadjeebullah, plus réservé aussi. Son sérieux et ses talents sont unanimement reconnus. Ces deux hommes sont les chirurgiens cardiaques les plus prometteurs du pays.

Nasrullah partage avec ses parents et ses quatre frères la pièce unique d'une maison pauvre dans un lointain faubourg de Kaboul. Les deux chirurgiens afghans expliquent aux parents la nécessité et les risques de l'opération. Sans comprendre une seule de ses paroles, je sens que la mère, Noorbee, se montre réticente à l'égard d'une intervention inconnue en Afghanistan et sans doute difficile à imaginer. C'est une femme encore jeune, corpulente, au visage ingrat. Plus âgé et coiffé d'une calotte de coton blanc, son mari, Mohammad, travaille comme portefaix au bazar. Indécis, il invoque Allah entre les mains duquel il remet le sort de son

FATALISME ET VOLONTÉ

fils, puis il suit l'avis de son épouse quand celle-ci dit enfin accepter que Nasrullah soit opéré.

Le lendemain matin, à l'hôpital, alors que le garçonnet doit être conduit au bloc, le Dr Nawabi répond une nouvelle fois aux questions de Noorbee et sans doute le fait-il de façon trop expressive : portant la main sur sa propre poitrine, il montre l'emplacement de la future cicatrice, l'ouverture du thorax et, joignant le geste à la parole, mime le mouvement d'une scie du tranchant de la main. Noorbee pâlit. Son fils, dit-elle dans un sanglot, va en mourir.

— Je préfère qu'il meure de façon naturelle, ajoute-t-elle, et j'espère que Dieu lui épargnera les souffrances que vous allez lui causer.

Nous lui expliquons que son enfant ne souffrira pas et peut facilement guérir.

— Si c'était mon fils, lui dis-je, j'approuverais cette opération.

Mais cette femme émotive ne veut plus rien entendre. Elle fond en larmes, son corps glissant lentement le long d'un mur et s'affaissant sur le sol. Une fois relevée, la mère en pleurs, l'enfant docile et le père fataliste sortent de l'hôpital et nous les suivons des yeux, impuissants et désemparés. Faute d'avoir été opéré, Nasrullah est aujourd'hui très certainement mort.

*
* *

Deux heures plus tard, nous partons chez Elaha. Cette très jeune fille semble curieuse de tout et garde un air enjoué, ses joues creusées par deux fossettes, en nous voyant entrer dans la maison modeste d'une banlieue de Kaboul où elle vit avec ses parents et ses deux frères. Un grand poêle en céramique trône dans la pièce principale dont le sol est recouvert de tapis. Des coussins sont posés au bas des murs. Assise sur l'un d'eux, Elaha se montre calme et attentive.

— Elle marche avec peine et s'essouffle très vite, dit sa mère Nadjeebah, une femme à la mâchoire carrée, au regard volontaire. Elle ne peut pas jouer avec les autres enfants.

La tétralogie de Fallot, le mal dont souffre Elaha, combine quatre malformations et perturbe le fonctionnement des deux ventricules. Une pathologie d'une extrême gravité, même si on lui attribue parfois le joli nom de « souffle au cœur ». Sans intervention de notre part, Elaha deviendra l'un de ces enfants bleus que l'on rencontre trop souvent en Afghanistan. Dans un pays sans les moyens de les soigner, les voir est déchirant : ils sont condamnés à mourir au terme d'une lente asphyxie.

Certes grave mais malgré tout courante, cette pathologie est réparable : elle exige une opération à cœur ouvert, ce qu'aucun chirurgien afghan, à ce jour, ne sait encore pratiquer. En France, entre 800 et 1 000 cas sont traités chaque année, des enfants généralement âgés de trois ou quatre ans. À treize ans, Elaha est une survivante. Demain, lundi 3 avril

FATALISME ET VOLONTÉ

2006, nous allons l'opérer. Elle sera la première patiente de la mission du Dr Roux.

Contrairement à ce pauvre Nasrullah, Elaha a la chance d'avoir une mère admirable. Son opération a fait l'objet d'un âpre débat familial où se sont affrontés deux univers mentaux : le fatalisme et la volonté. Le père, Nur-Ali, ancien soldat devenu camionneur, était opposé à cette opération qu'il jugeait contraire aux lois de Dieu : ouvrir le corps de sa fille puis son cœur, en réparer des morceaux pendant que l'enfant respire artificiellement, que son sang circule par des détours mécaniques compliqués, recoudre ensuite l'organe dans la poitrine béante, refermer le tout avec du fil et une aiguille, bref, forcer à ce point le destin dont seul Allah est le maître lui semblait sacrilège. Mais Nadjeebah, la mère, cette femme intense et déterminée qui n'a plus jamais porté la burqa depuis la chute des talibans, a tenu tête à son mari et a su le convaincre que refuser de sauver la vie de leur fille serait un péché. Dieu, lui dit-elle, laisse parfois les hommes au croisement des chemins et si un choix se présente entre la vie et la mort, il faut opter pour la vie qui est un don divin.

Nadjeebah caresse les cheveux de sa fille, essuie quelques larmes d'un revers de main et détourne la tête. Ses yeux expriment des sentiments mêlés : angoisse, espoir, volonté... Quant au père, Nur-Ali, la moustache tombante et l'air chétif, il regarde ses pieds sans dire un mot. Lui aussi, sans doute, est terrifié.

C'est l'heure : il faut partir pour l'hôpital. Demain, le cœur de cette enfant va être ouvert, réparé puis refermé. Le père demande à sa fille d'embrasser le Coran, Nadjeebah la regarde et ne retient plus ses larmes. Elaha pleure, elle aussi. Toutes deux s'essuient mutuellement les joues. Nur-Ali soupire en attendant près de la voiture, l'air d'un chien battu. Les deux petits frères qui seront gardés par un voisin embrassent Elaha. S'ils sentent la tension qui règne autour d'eux, ils n'en comprennent pas l'enjeu. Nadjeebah aspire une grande bouffée d'air, pose un foulard sur ses cheveux, prend sa fille par la main et monte avec elle à bord de la voiture. Nous partons vers l'hôpital, avec cette mère courage, ce père éteint et cette fillette qui regarde, ravie, le chauffeur manœuvrer et les rues animées du centre-ville que nous traversons.

Le père reparti retrouver ses garçons, Nadjeebah attend seule, tendue, silencieuse et digne, debout dans le couloir devant la porte conduisant au bloc. Elle sait que le cœur de sa fille se trouve, littéralement, entre les mains des chirurgiens. L'enjeu de la vie d'Elaha se joue derrière cette porte close et la mère est condamnée à l'anxiété et à l'inaction. Quand, enfin, elle nous aperçoit sortir de la salle d'opération, ses yeux s'emplissent de larmes. Nous allons vers elle en souriant pour la rassurer et la voyons respirer profondément. Avec l'aide d'un interprète, nous lui annonçons que tout s'est bien passé, que sa fille dort paisiblement. Immobile et droite, elle écoute le jeune Afghan traduire nos propos, sourit, nous regarde droit dans les yeux avec cette intensité qui m'avait frappé et, d'une voix ferme, nous dit un seul mot : « Merci. »

Veillée par sa mère assise à côté de son lit dans le silence de la nuit, Elaha s'est réveillée normalement en salle de réanimation, un lapin en peluche à ses côtés. Elle est la première personne à échapper à la mort grâce à une opération à cœur ouvert en Afghanistan.

Le jeudi 6 avril, jour de l'inauguration officielle, le président Karzaï dira dans son discours qu'il est heureux de savoir qu'avec notre hôpital « les enfants afghans peuvent être soignés dans leur propre pays ».

Décembre 2006
Assis, l'air sérieux derrière son minuscule bureau et vêtu d'une veste de cuir noir assez rock' n'roll, Mirwais Nazari évalue d'un regard son client. Ce jeune Tadjik de vingt-sept ans, psychologue express et sociologue intuitif, est notre Robin des Bois : chef

d'orchestre du « welfare » de l'hôpital, il prend de l'argent aux riches pour offrir des soins gratuits aux pauvres. Lesquels sont nombreux en Afghanistan. Ne possédant rien, ou une seule chèvre, ils se louent à la journée pour travailler dans un champ, tirer une charrette à bras sur un marché... Au fond, c'est pour eux que l'idée d'intervention humanitaire a été inventée.

En France, parler d'argent semble obscène quand il s'agit de santé. On dit qu'elle n'a pas de prix. Soit. Mais elle a un coût. Faire fonctionner un hôpital, c'est dépenser jour après jour des sommes considérables. À Kaboul, il nous faut bien aborder la question, personne dans ce pays n'ayant d'assurance maladie et l'État afghan ne nous subventionnant pas. L'oxygénateur qui fait fonctionner la pompe régénérant le sang lors d'une opération à cœur ouvert, par exemple, coûte 2 500 dollars, une valve placée dans le cœur d'un enfant cardiaque, 2 000 dollars. Cet argent, nous l'obtenons grâce au « welfare » élaboré par la Fondation Aga Khan et La Chaîne de l'Espoir. Il permet aujourd'hui de couvrir jusqu'à 90 % des factures d'hospitalisation et de séjour en salle de réanimation et rend nos soins accessibles aux plus démunis. Ceux, si misérables qu'ils ne peuvent rien payer, pas même une somme que nous jugerions dérisoire, sont pris en charge et soignés, nourris, hébergés par Kate Rowlands dans la « Maison des Enfants » que notre association finance intégralement.

FATALISME ET VOLONTÉ

Selon Khairuddin Kaaka, responsable du « welfare » dans notre l'hôpital, environ trois cents patients se présentent chaque jour à la consultation facturée 30 afghanis, soit moins d'1 dollar américain. Souvent les médecins ordonnent des examens avant d'établir leur diagnostic. Un test en laboratoire coûte en moyenne 400 afghanis, environ 10 dollars, une radio 15 dollars, un scanner, une trentaine.

— Nous sommes, rappelle Kaaka, dans un pays où le salaire mensuel moyen tourne autour de 10 000 afghanis, environ 200 dollars.

Les sommes en question sont donc importantes pour de nombreux patients qui veulent savoir ce qu'ils auront à payer et font patiemment la queue devant la porte de Nazari. Ce jeune homme a étudié le management et se dit très heureux de son travail qui lui permet d'« aider son peuple » à l'égard duquel, cependant, il ne se fait guère d'illusions :

— La plupart des gens mentent comme ils respirent pour payer le moins possible, lance-t-il d'un air résigné.

Aux yeux d'un Occidental, les hommes qui entrent dans le bureau de Nazari paraissent tous miséreux. Barbes longues en désordre, béret de laine poussiéreux, patou miteux sur les épaules, ces gens semblent fraîchement arrivés de leur lointaine montagne. Mais Naziri repère les détails qui échappent au visiteur de passage : des chaussures de qualité, une montre-bracelet, des mains propres, une certaine façon de s'exprimer... Au premier coup d'œil, il a jaugé le patient. Arrivent alors les questions : savoir lire et écrire, posséder un peu de terre, avoir plusieurs fils, conduire une voiture, être employé... Autant de facteurs qui ajusteront la facture vers le haut. Un homme mal chaussé, à l'élocution difficile, aux mains calleuses ou n'ayant eu que des filles poussera Nazari à réduire ses exigences. Globalement, les parents des patients paieront entre 10 et 70 % du coût du traitement. Parfois – rarement, en fait, tant le perspicace Nazari vise juste – une courte négociation s'engage. Le riche veut faire baisser le prix ? Mieux vaut qu'il soit convaincant car le jeune Tadjik peut rester inflexible. Mais quand le pauvre s'excuse de ne pouvoir débourser la somme proposée, Nazari lui demande ce qu'il peut payer. Ainsi ce paysan venu de la province de Ghazni, à l'est du pays, pauvre mais possédant un petit lopin de terre, qui rechignait à payer 350 afghanis pour l'opération de son enfant facturée 5 000. Il pouvait, disait-il, verser 130 afghanis au maximum. Nazari s'est entretenu avec lui un instant à voix basse, l'homme est resté silencieux puis a hoché de la tête, l'affaire était conclue : il débourserait 200 afghanis. Mais cet autre client aux vêtements troués qui plaidait la misère noire suscita du scepticisme chez le jeune inquisiteur quand il répondit à un appel de son portable dernier cri sorti des profondeurs d'une de ses poches. Oubliant où il se trouvait, ce père discuta de ses affaires immobilières pendant quelques instants d'une voix de stentor – comme toujours les Afghans au téléphone – puis interrompit sa conversation car une autre sonnerie retentissait sous ses vêtements, un de ses associés l'appelant au sujet d'une facture. Ses deux portables en main, le roublard affairiste comprit d'un seul regard en direction de Nazari qu'il paierait plus que prévu.

— Certains n'ont l'air de rien, mais sont très riches. Ils font des affaires, possèdent des immeubles, roulent dans des 4×4 neuves et se présentent à l'hôpital avec leurs plus vieux vêtements.

Nazari sourit, content de déjouer ces comédies humaines.

— En faisant payer les riches, dit-il, je suis équitable car je rends service aux pauvres.

*
* *

Janvier 2007

Le Dr Jalil Wardak a les joues roses et les yeux brillants. Nous prenons un thé ensemble à la Maison des Médecins et je le félicite chaleureusement car il vient ce matin d'opérer pour la première fois seul, sans la présence d'un homologue français : il a d'abord réalisé une opération urologique difficile, puis une autre neurochirurgicale plus tard dans la même matinée. Réussies, ces deux interventions s'avèrent sans complication postopératoire.

— Félicitations, Jalil, c'est un premier pas vers l'autonomie des personnels afghans de l'hôpital. Bientôt vous pourrez vous passer de nous et nous aurons accompli notre travail.

— Merci, Éric, je suis très heureux. Pour moi, c'est une nouvelle page d'histoire qui se tourne.

Alexander passe la tête par la porte et me regarde d'un drôle d'air.

Il se tourne vers Jalil.

— Bravo, Jalil.

— Merci, Alexander.

Le ton d'Alexander manque d'enthousiasme. Que se passe-t-il ?

— Éric, me dit-il, Mozamel et son père viennent d'arriver à l'hôpital.

Mon sang ne fait qu'un tour.

— Mozamel ?

— Oui. Le père voudrait qu'on ausculte le cœur de son fils. Tu viens ?

Je n'ai jamais revu ce petit garçon depuis la mort de sa sœur. Je me souviens que le lendemain de son décès, aux aurores, quand je suis arrivé chez Kate, sa mère et lui étaient déjà partis avec le corps de la fillette pour l'enterrer, sans attendre, comme le veut la tradition de l'islam, dans leur village du Panshir. Ne pas les revoir, ne pas les saluer ni leur parler, leur exprimer... leur exprimer quoi, au juste ? Je sais bien qu'il n'y a pas de mot pour adoucir ce sentiment de vide, cette douleur insondable qu'est la mort d'un enfant. Mozamel, me dis-je en moi-même, comme une incantation intime, si tu savais comme j'ai souvent pensé à toi, à ta sœur que je n'ai pas su garder en vie. Pardon, Mozamel.

Nous arrivons dans le couloir des consultations et je vois au loin le père qui se lève et nous regarde approcher. La main au fond de la poche de mon pantalon, je presse entre mes doigts le bois dur du sifflet que m'avait donné Mozamel et qui ne me quitte plus. Le père me fixe d'un air sévère et répond à mon salut d'un hochement sec de la tête. Je souris à Mozamel qui me jette un coup d'œil angoissé puis se détourne pour ne plus me faire face. Totalement désarmé, je tire vers moi un infirmier afghan qui passe en l'attrapant par la manche.

— *Can you translate, please* ?

Je voudrais qu'il traduise ce que j'ai à dire au père, mais l'infirmier hausse les épaules, comme s'il refusait de se mêler de mes histoires.

— Dites-lui que je suis profondément désolé que nous n'ayons pas pu sauver Yalda, dis-je à l'infirmier en regardant le père dans les yeux. Je pense beaucoup à elle.

L'infirmier traduit d'une façon qui me semble un peu courte, le père hoche de la tête, évite mon regard. Un long silence s'installe qu'Alexander finit par rompre pour nous inviter à l'attendre pendant qu'il conduit Mozamel au cabinet d'échographie. Le père et moi nous asseyons côte à côte. Alors que je me sens tendu comme un arc, cet homme a ce geste à la fois brusque, maladroit et merveilleux : il me tapote la cuisse de sa main, comme pour me signifier qu'il ne m'en veut pas. Mon émotion est si forte que les larmes me montent aux yeux. Me voyant ainsi, il pleure à son tour et nous nous tenons les mains, assis sur ce banc, les épaules secouées par des sanglots silencieux.

Notre calme retrouvé, le père et moi voyons revenir Alexander souriant, tenant par la main Mozamel.

— Ça va, rien de grave, nous dit Alexander. Juste une petite insuffisance mitrale.

— Comment ça, dis-je d'un air alarmé, une petite insuffisance mitrale ?

Le père me jette un regard inquiet. Toujours souriant, Alexander pose la main sur son épaule et lui dit :

— *It is ok. Mozamel is ok.*

Puis il se tourne vers moi :

— Calme-toi, Éric, ce n'est rien. Il faut juste contrôler son cœur tous les six mois pour voir comment ça évolue. Franchement, tu aurais dû venir avec moi, tu aurais vu que ce n'est pas bien méchant.

Le Dr Rahima nous rejoint et parle au père sur un ton apaisant. Celui-ci hoche de la tête et pose en partant sa main sur mon bras, comme si c'était à lui, maintenant, de me rassurer.

Alexander et Rahima demandent à Mozamel et à

son père de revenir six mois plus tard. Sans un mot, l'homme opine d'un coup de menton et sort de l'hôpital, tenant son garçon par la main. Mozamel ne se retourne pas. J'ai l'impression que mes jambes se dérobent.

Un couteau de cuisine

Juin 2009
Il est 7 h 30 du matin et l'hôpital est pris d'assaut. Il en va de même tous les jours. Les gardiens doivent montrer habileté et diplomatie afin de canaliser la foule des familles qui se pressent à la grille. Pour des raisons de sécurité, ils fouillent tous les hommes dont les armes éventuelles sont confisquées le temps de la visite. Effectuée par des gardiennes, la fouille des femmes a lieu dans un petit vestiaire situé après l'entrée où les visiteuses sont priées de laisser leur burqa, une exigence qu'elles refusent rarement. Certaines ne portent qu'un foulard sur les cheveux, surtout celles qui viennent de Kaboul, mais je note qu'au fil des années les burqas, au lieu de disparaître, se comptent en plus grand nombre qu'au lendemain de la chute des talibans, voici bientôt dix ans.

Dans le couloir des consultations, l'ambiance est également chaotique. Certaines familles, dont souvent tous les membres sont présents, débarquent, agitées et anxieuses, réclamant à grands cris que l'on examine leur enfant malade sans délai. Sauf en cas d'urgence vitale, elles sont priées d'attendre leur tour. Et c'est ainsi que les esclandres naissent : dans un pays où le concept de rendez-vous est non seulement inconnu mais aussi incompris, cette attente est jugée scandaleuse. Les parents entrent sans frapper dans les cabinets de consultation alors qu'un médecin y examine déjà un patient, et exigent que leur enfant soit vu immédiatement.

— Faire une consultation, ici, c'est toujours une bataille, me dit Alexander Leis.

Parfois, pourtant, l'impatience des parents s'avère légitime. Au cours des premiers mois de fonctionnement de l'hôpital, le personnel d'accueil n'avait pas encore été formé à déceler les urgences et nous aurions aimé que le père d'un petit prématuré de cinq jours, arrivé en mars 2006, se fasse entendre. Il s'est présenté avec son bébé victime d'un arrêt cardiorespiratoire dans les bras. Il n'a rien dit et le personnel de l'accueil n'a rien vu. Une fois n'est pas coutume, l'homme fut patient et attendit qu'un médecin prenne son enfant en charge. Même rapide, la réaction du praticien intervint trop tard : victime d'une hémorragie pulmonaire puis d'un arrêt cardiorespiratoire, le bébé ne put être réanimé. Ce fut le second décès enregistré dans notre hôpital après celui de Yalda.

UN COUTEAU DE CUISINE

*
* *

Les douze cabinets des consultations, dont les portes ponctuent ce long couloir meublé de bancs faisant office de salle d'attente, reçoivent toute sorte de pathologies – orthopédiques, cardiaques, viscérales, pédiatriques – et le désordre qui y règne est à mes yeux un hommage à leur succès. Je suis arrivé à Kaboul pour participer au comité de direction trimestriel de l'hôpital avec les représentants de la Fondation Aga Khan en charge de la gestion administrative de notre établissement, tandis que La Chaîne en assure la direction médicale. Comme au cours de chacun de mes séjours, je passe mon temps libre à déambuler dans les couloirs et suis toujours heureux de constater que l'hôpital est devenu une ruche où se croisent familles riches et pauvres, urbaines ou rurales, venues des quatre coins du pays pour faire soigner leurs enfants. Ce matin, je rejoins Bernard Pavy, un chirurgien plasticien à la retraite venu de Paris pour sa troisième mission à Kaboul. Atteindre son cabinet relève de l'épreuve de force, une grappe d'enfants et leurs parents bloquant sa porte. Je force le barrage et trouve Bernard, petit, vif, précis, assis sur un tabouret entouré de plusieurs jeunes internes afghans et de son élève, Tarek, qui l'assiste lors de ses opérations. Il examine une petite fille de quatre ans amenée par Kate de la région du Badakhchan, à l'extrême nord de l'Afghanistan, et qui présente d'horribles séquelles d'une brûlure sur le bras droit dont la peau s'est tant rétractée qu'il ne peut se tendre à plus de soixante degrés. Avec son anglais mâtiné de savoyard, Bernard explique à ses jeunes confrères afghans comment, grâce à une greffe de peau prise sur la cuisse, il pourra libérer le coude de l'enfant et redonner au membre son extension normale.

— Ok, Kate, dit-il. On l'opère mercredi matin en troisième position. Au suivant.

S'avance alors, poussé par sa mère, un petit bonhomme de six à sept ans, les cheveux rasés et la peau cuivrée par le soleil de sa région de Zaboul, laquelle me rappelle de vieux souvenirs. Un grand foulard cache le bas de son visage. Avec une infinie douceur, Bernard, qui a compris de quoi il s'agit, soulève le tissu et révèle ce qu'il est convenu d'appeler un « bec-de-lièvre », un trou béant qui déforme la lèvre supérieure jusqu'à la narine. Tâtant les tissus, il penche la tête de l'enfant en arrière et voit que l'anomalie touche également le palais. Bernard remet le foulard en place et laisse sa main posée sur l'épaule de l'enfant tout en expliquant à son auditoire qu'il s'agit d'une fente palatine complexe nécessitant une intervention à effectuer en deux temps.

— Ok pour jeudi matin, dit-il, en première position. Allez, on arrête. On a vingt-huit patients, le programme opératoire est complet.

— *Oh please, just one more,* encore un enfant, plaide Kate. Il vient de très loin, accompagné de son grand-père.

UN COUTEAU DE CUISINE

Un homme très grand à la superbe barbe blanche et au turban beige immaculé pose les mains sur les épaules d'un garçonnet qu'il pousse doucement devant lui. C'est un gamin d'environ huit ans dont la tête est enveloppée d'une écharpe de coton et dont on ne voit que les yeux. Le gauche montre une vilaine cicatrice suintante. Le grand-père et l'enfant viennent d'un village de la région de Bamyan, au centre du pays, où se trouvaient les trois statues géantes de bouddhas debout creusées dans la montagne et détruites par les talibans en 2001. L'enfant a été brûlé au troisième degré l'année dernière en tombant la tête la première dans le four à pain de son père boulanger. L'ouverture de l'écharpe va surprendre Bernard en dépit de sa longue carrière et de ses nombreuses missions pour La Chaîne de l'Espoir à travers le monde : le visage de l'enfant n'est plus qu'une seule et vaste plaie rétractée déformant les narines, empêchant la fermeture des lèvres et surtout celle des paupières, ce qui met ses yeux en péril. Méticuleusement, Bernard examine le garçon et prend des photos.

— C'est un gros chantier, dit-il d'une voix sourde, qui va nécessiter au moins quatre ou cinq opérations. L'urgence, c'est de traiter les paupières pour qu'elles puissent s'occlure à nouveau et protéger ses globes oculaires. Il faudra faire deux microgreffes de peau mince.

Il se tourne vers Tarek

— Bon, c'est urgent, on le prend demain.

Puis s'adresse à Kate.
— Merci d'avoir insisté, lui dit-il en souriant.
Très digne, la main sur le cœur, le grand-père s'incline en direction du chirurgien français. Il semble avoir compris avant même la traduction de Tarek. Puis il répond à Bernard d'une phrase – *« Tacha kor, khair bobenine »* – que traduit le jeune chirurgien afghan :
— Merci, et que Dieu te bénisse.

Quelques instants plus tard, je déambule encore dans les couloirs de l'hôpital, heureux de le voir vivre et vibrer, agité, à la fois chaotique et ordonné. C'est un étrange cocktail de caravansérail asiatique et de clinique suisse aseptisée. Deux civilisations se rencontrent ici et ne s'entrechoquent pas. Bien au contraire, elles s'adaptent l'une à l'autre.
Je croise Nadjeebullah Bina et Daniel Roux arrivé à Kaboul depuis une semaine avec son équipe pour sa quatrième mission. Au cours de ces huit derniers jours, Nadjeebullah et lui ont opéré quatorze patients, dont huit à cœur ouvert, sans aucun problème. Six missions françaises de chirurgie cardiaque ont été programmées cette année avec une moyenne de trente enfants traités par chacune d'elles. Malheureusement, le Dr Nawabi nous a quittés pour diriger l'hôpital militaire de Kaboul et la demande nous submerge : la liste d'attente des petits patients progresse de façon exponentielle pour atteindre le chiffre astronomique de mille six cent trente. Seul espoir · les progrès accomplis par

Nadjeebullah qui devrait bientôt intervenir seul, sans la présence d'une mission française, augmentant ainsi considérablement le nombre d'opérés.

Je les quitte pour participer à une réunion à l'ambassade de France. Alexander, en tant que directeur médical, m'accompagne.

— Je vais t'annoncer une bonne nouvelle, me dit-il. Afzal est superbe, il mange comme quatre, il veut rattraper le temps perdu. Et sa vocation aéronautique s'affirme ! Kate a récemment déjeuné chez eux et il paraît que son père a été presque aimable, c'est-à-dire qu'il a accepté qu'elle vienne déjeuner, mais lui, bien sûr, n'a pas assisté au repas.

Nous sourions tous les deux. Je suis content qu'Afzal aille bien, mais toujours inquiet pour Mozamel. Une inquiétude sans doute liée à un sentiment persistant de culpabilité de ma part vis-à-vis de ce petit garçon et de sa famille. Ce départ si rapide, sans un mot, sans un regard après le décès de Yalda a provoqué chez moi un malaise que je ressens encore aujourd'hui. Je demande à Alexander s'il a revu Mozamel en consultation. Alexander prend un air désolé.

— Eh non, Éric, il n'est jamais revenu nous voir.

Alors que nous traversons Kaboul, je mesure les changements qui ont bouleversé la physionomie de cette ville que j'aime, et je ne saurais dire pourquoi tant elle est laide, mais c'est ainsi. Je l'ai vue pour la première fois fin 2001, détruite, éventrée, mutilée, et la voici, en 2009, couturée de partout et défigurée par des constructions anarchiques, le bétonnage généralisé, les murailles hérissées de fil de fer barbelé, les sacs de sable devant les portes des maisons, des gardes surarmés pour tenter de faire face à la montée de l'insécurité, à l'audace grandissante des terroristes.

— Le jour est au gouvernement, la nuit est aux talibans, m'a récemment dit Nadjeebullah.

Ces mesures défensives atteignent leur paroxysme au centre de Kaboul, dans le quartier des ministères et des ambassades. Au cours de ces deux dernières années, ce quartier est devenu une véritable « zone verte », comme à Bagdad. Plus que tous les discours des politiques ou les analyses géopolitiques des experts, ce repli des administrations et des centres du pouvoir derrière des murs de béton de plus en plus hauts, de plus en plus épais, est pour moi à l'aune de l'incapacité du gouvernement actuel et de l'OTAN à faire face à la montée en puissance des talibans. En arrivant au check-point qui bloque l'avenue de Cherpour, dans le quartier Shahr-e Nao où se trouvent la plupart des ambassades, je constate une fois de plus que le bétonnage s'est encore aggravé depuis ma dernière visite, voici à peine trois mois. Autrefois à double sens et ombragée, cette rue est maintenant un goulet étroit à sens unique, un canyon de béton gris entre deux longs murs hauts de six mètres doublant les premières enceintes des chancelleries, ponctué à chaque entrée de postes de garde blindés, bardés de sac de sable, pour abriter les agents de sécurité armés de fusils automatiques et de mitrailleuses.

— Il y a un an à peine, en mai 2008, j'étais à ce même check-point dans une voiture de l'hôpital, me raconte Alexander. J'avais rendez-vous à l'ambassade pour désigner les médecins afghans qui partiraient en stage en France. J'étais là, à attendre que le policier examine mes papiers et passe un miroir sous le châssis de la voiture, et je voyais dans l'avenue, au-delà de la barrière, un Afghan marchant vers nous. Je me suis dit : « Tiens, un piéton. Ils sont rares, dans ce quartier. Et soudain, le type s'est écroulé, à quelques mètres de nous, abattu par des rafales de mitraillettes. Des gardes avaient jugé son comportement suspect et l'avaient tué, sans sommation !

Le policier soulève la barrière, la voiture roule doucement dans le canyon de béton.

— Et tu ne fais plus de vélo ?

— Ah ! Mon beau vélo chinois. Le Pigeon volant. Non, c'est trop dangereux, maintenant, à cause des enlèvements. Il est en train de rouiller, pendu à un clou. La vitesse avec laquelle la situation s'est dégradée est inimaginable. Aujourd'hui, nous sommes cloîtrés dans l'hôpital, soumis à des consignes de sécurité de plus en plus strictes. Je me demande jusqu'où cela va nous mener. Et si un jour nous allons décider d'arrêter.

— Ah, je t'en prie, Alexander !

— Excuse-moi, je sais que cette discussion t'énerve...

— Elle ne m'énerve pas. Elle me désarme, parce que je n'ai pas la réponse à la question de savoir quand, comment et pourquoi nous serions un jour obligés d'abandonner l'hôpital. Où se trouve la ligne à ne pas franchir ? Je ne sais pas.

— Moi non plus, Éric, mais j'ai parfois des doutes sur le credo de Kate, son *« Never give up »*, n'abandonnez jamais. Ce n'est pas réaliste, quand on y réfléchit.

— Tu as sans doute raison, mais je redoute le moment où il faudra y réfléchir. Tant que nous ne sommes pas obligés de nous poser cette question de partir, autant l'oublier.

— Ça s'appelle la stratégie de l'autruche, ça, non ? La tête dans le sable ?

Notre arrivée devant le gigantesque portail en acier blindé de l'ambassade de France met fin à cette discussion et j'en suis soulagé. Après les contrôles d'identité, sous l'objectif de multiples caméras, le passage de la voiture dans un sas, une cage métallique dans laquelle deux gardes inspectent le véhicule et passent à nouveau un miroir sous le châssis, nous entrons enfin dans l'enceinte de la chancellerie, un îlot de sérénité incongru. Devant nous, un petit palais donnant sur un jardin arboré, une vaste pelouse bien peignée sur laquelle je vis un jour s'ébattre deux biches, et des bassins fleuris. C'est avec plaisir que je retrouve l'ambassadeur, Jean de Ponton d'Amécourt. Dans un coin de son bureau, je remarque un « valet muet » de bois supportant un casque lourd et un gilet pare-balles, « ma tenue de sortie », dit-il en souriant. Au fil de nos réunions, à Kaboul ou à Paris, Jean est devenu un ami avec lequel je peux partager mes soucis concernant la marche de notre hôpital. À chacune de nos rencontres, notre conversation commence toujours par ses impressions et son analyse de la situation politique du moment – aujourd'hui, il n'est guère optimiste – puis je lui fais part des progrès, ou des difficultés, de notre établissement. Ce qui nous préoccupe depuis plusieurs mois est l'avancée de nos négociations avec l'Agence française de développement, l'AFD, concernant le financement d'une nouvelle aile de l'hôpital dédiée à la gynécologie et à l'obstétrique. Il s'agit d'un dossier compliqué évalué à neuf millions d'euros. Dans cette aventure, nous avons commencé par l'enfant, mais n'avons jamais oublié la mère. Les séparer nous a toujours semblé contre nature. Mères et enfants constituent les éléments les plus vulnérables de la population afghane. Depuis 2008 nous cheminons donc, avec notre partenaire la Fondation Aga Khan, vers cette seconde phase dédiée à la mère et, comme pour celle de l'enfant, la route est semée d'embûches. La nomination en 2007 de notre ami Bernard Kouchner au ministère des Affaires étrangères nous a permis de bien avancer sur ce projet. Il connaît notre hôpital et ce pays dans lequel il se rendit clandestinement, en tant que médecin, durant l'occupation soviétique. Dès lors, me retrouver dans cette ambassade pour parler avec Jean de l'hôpital me semble normal, cet établissement n'est plus seulement celui de La Chaîne de l'Espoir mais aussi celui de la France. Nombreux sont ceux, à Kaboul, qui parlent d'ailleurs, à son propos, de « l'hôpital français ». Lui aussi représente notre pays en Afghanistan.

— Je sais que ce dossier de l'AFD est en très bonne voie, me dit l'ambassadeur, sous réserve pour vous de suivre à la lettre l'ensemble des procédures de l'Agence. Elles sont complexes, certes, mais garantissent une utilisation optimale et rationnelle des fonds publics.

Nous nous quittons sur cette nouvelle encourageante. Je rêve de cette deuxième aile depuis longtemps, j'ai même très précisément son dessin en tête. En sortant, le soleil et la perspective de cet accord prochain me mettent en joie. J'ai hâte de retourner à l'hôpital pour partager mon optimisme avec mes confrères français et afghans.

Alors que nous roulons lentement, au rythme des embouteillages, le téléphone d'Alexander sonne. La réception est mauvaise.

— *Please, can you repeat, I don't hear you well,* hurle Alexander.

UN COUTEAU DE CUISINE

S'ensuit une longue conversation en anglais. Je sens Alexander troublé. Que se passe-t-il ? Que va-t-il encore m'annoncer ?

Alexander termine l'échange, reste un instant silencieux, puis se tourne vers moi.

— C'est un médecin américain qui m'appelle de Kandahar. Ils ont reçu ce matin une jeune fille de quinze ans dans un état grave. Elle était enceinte de six ou sept mois et non mariée. Tu imagines le scandale dans la famille. Pour mettre fin à cette indignité, le frère et la mère ont réalisé une césarienne à vif, sur une table, à l'aide d'un couteau de cuisine...

— Quelle horreur !

— L'enfant est mort, mais la jeune fille a survécu. Elle est dans un sale état, d'après ce que j'ai compris. Le médecin américain m'a dit qu'il ne pouvait rien faire sur place, ils n'ont pas les infrastructures nécessaires, notamment pas de salle de réanimation. Ils aimeraient la transférer chez nous par hélicoptère. Bien sûr, j'ai donné mon accord.

Au fur et à mesure qu'il me parle, Alexander semble perdre sa voix. Il paraît épuisé.

— Certains jours, je me crois blindé face à la dureté du quotidien, mais souvent, comme aujourd'hui, la réalité s'impose et m'écrase.

Que lui répondre ? Pour avoir souvent ressenti ce malaise, cette soudaine perte d'énergie face à un événement brutal, je sais que le seul remède est l'action : foncer tête baissée et ne pas trop réfléchir.

— Alex, appelle pour réserver un lit en réa et une place au bloc opératoire ce soir. De mon côté, je préviens Jalil.

En fin d'après-midi, notre jeune patiente transportée par hélicoptère jusqu'à la base de Bagram, non loin de Kaboul, arrive à l'hôpital à bord d'une ambulance militaire. Elle est rapidement conduite en réanimation par deux GI costauds, plus gênés par leur équipement que par la civière qui ne semble guère peser lourd. D'emblée, Alexander constate l'extrême faiblesse de la jeune fille et sa pâleur liée aux hémorragies qu'elle a subies. Un énorme pansement sanguinolent lui barre l'abdomen.

— On ne touche pas au pansement ici, il sera défait au bloc tout à l'heure sous anesthésie générale, quand Jalil aura fait le bilan de la situation et défini la réparation.

Nous partons avec elle en salle de réanimation pleine à craquer d'enfants comme cette jeune fille, entre la vie et la mort. De façon précise et rapide, Alexander donne ses instructions.

— Amina, dit-il à l'infirmière, on met dans une perfusion un traitement antibiotique préventif avec un antitétanique parce que le risque est considérable après cette boucherie, et un traitement antalgique, aussi. Il faut la shooter pour lui épargner des douleurs. Je veux d'urgence un bilan biologique complet avec hémoglobine pour voir quelle quantité lui transfuser avant qu'elle ne parte au bloc.

UN COUTEAU DE CUISINE

J'assiste à cette prise en charge médicale logique, efficace, adaptée et je fixe le visage de cette jeune fille, d'une pâleur diaphane, presque transparente, sculpturale. Ses yeux semblent flotter, vides, sans vie. J'espère qu'elle n'est pas consciente.

Elle a à peu près le même âge que Marie, ma fille. Je pense à elle et elle me manque.

Une demi-heure plus tard, un chariot emporte la jeune fille au bloc. Je la suis et m'arrête devant le sas d'entrée. Sur le dossier posé à ses pieds, je vois son nom : Hosaï.

Je reviens sur mes pas et murmure, je ne sais pourquoi :

— Tu t'appelles Hosaï.

L'idée d'un avenir

29 janvier 2011
Le terminal numéro 2 de l'aéroport de Dubaï est toujours aussi sinistre. À 5 heures du matin, Jean-Roch Serra et moi buvons un café insipide en attente du vol pour Kaboul. Tout a été très vite depuis l'appel de Nadjeebullah Bina sur mon portable, hier matin, alors que j'étais en consultation à Pontoise.

— Allô Éric ? C'est Nadjeebullah...

D'une voix éteinte, il me tient ces propos étranges :

— ... Excuse-moi de te déranger, il s'est passé quelque chose de grave, mais tout va bien.

Mon sang ne fait qu'un tour. Je présente mes excuses au patient que j'examinais – en marmonnant le mot « urgence » – et sors de la pièce.

— Que se passe-t-il, Nadjeebullah ?

— Un attentat-suicide a eu lieu voici une heure dans un supermarché de Kaboul où Kate se trouvait. Elle est blessée, mais sans gravité. Elle est surtout choquée. Voilà. Je voulais te le dire.

Depuis dix ans, je vis dans l'angoisse d'un tel appel. En quelques minutes, Nadjeebullah me résume les faits. Le supermarché Finest est un magasin bien connu des expatriés de Kaboul et des Afghans aisés. On y trouve des produits de qualité, la plupart importés, difficiles à trouver ailleurs. Il est situé dans le quartier Wazir Akbar Khan, près des ambassades, des bureaux des grandes organisations internationales et du siège de l'OTAN. Alors que Kate y fait ses courses, ce vendredi 28 janvier, deux terroristes surgissent et balayent le magasin de rafales de mitraillette. Kate se jette derrière un pilier qui la protège des tirs. Puis l'un des assaillants fait sauter les explosifs qu'il porte sur lui, provoquant l'écroulement des plafonds, l'éclatement des vitrines et l'effondrement des rayonnages. Huit personnes sont tuées, dont trois étrangers et un enfant. L'attentat sera revendiqué dans la journée par un porte-parole des talibans, Zabihullah Mujahid. Il visait les employés de la société de sécurité privée américaine Blackwater, dit-il. Selon la police de Kaboul, aucun salarié de cette entreprise ne figure parmi les victimes. Souffrant de coupures et de contusions multiples, Kate est transportée à notre hôpital, soignée et hors de danger. Les informations de Nadjeebullah sont claires, rassurantes, mais je suis épouvanté. Il y a longtemps qu'à Kaboul nous sentons le danger rôder autour de nous. Pour la première fois, la violence nous touche directement. Kate n'est que légèrement blessée, certes, mais elle aurait aussi bien pu mourir et je ne peux

L'IDÉE D'UN AVENIR

imaginer l'hôpital à Kaboul sans cette femme, sans le lien organique qu'elle incarne entre lui et La Maison des Enfants, conçue pour accueillir les familles les plus pauvres et donner ainsi tout son sens à notre action. Il me paraît incroyable que ce soit Kate qui soit touchée, la première d'entre nous, elle qui vit et travaille depuis si longtemps en Afghanistan. Elle me semblait immunisée contre tous les dangers, par je ne sais quelle grâce, mais, bien sûr, c'était une illusion. La folie ne respecte pas la sagesse. La malveillance se moque de la bonté. Pour le taliban de base, nous ne sommes que des Occidentaux, ce qui leur suffit pour nous transformer en ennemis, même si nous prouvons chaque jour par nos actes et nos engagements que nous sommes les plus fidèles amis des Afghans.

Dès la nouvelle connue, Jean-Roch et moi décidons de partir à Kaboul pour être aux côtés de Kate et de nos équipes en Afghanistan pendant ces moments difficiles. C'est ainsi que je me retrouve dans ce terminal de Dubaï, remonté comme une pendule. Tandis que Jean-Roch consulte son iPhone à la recherche des dernières nouvelles, je tripote au fond de ma poche le sifflet de Mozamel, comme toujours quand je suis nerveux. Ce petit objet de bois est devenu une sorte de talisman, mon « grigri », je le touche et le roule entre mes doigts comme ces chapelets d'ambre que les vieux Méditerranéens égrènent et font tourner dans leurs mains du réveil au coucher. Est-ce un TOC, un trouble obsessionnel compulsif ? Je n'en sais rien, mais le fait est qu'au premier souci venu, je cherche le contact avec le bois de ce sifflet, et il m'aide à retrouver le calme. Avec les années, je l'ai tant frotté, manipulé, qu'il est devenu lisse comme une pierre.

Durant le vol Paris-Dubaï, Jean-Roch et moi étions si tendus que nous nous sommes presque disputés, malgré l'amitié profonde qui nous unit depuis vingt ans. Avec le calme et la voix douce qui le caractérisent, il a posé le doigt là où ça fait mal.

— Cela fait des années, Éric, que l'on discute du problème de la sécurité, de cette fameuse ligne blanche que l'on n'a jamais réussi à définir au-delà de laquelle le risque pour les équipes deviendrait ingérable.

— Mais enfin, on en a parlé cent fois. Comment définir une ligne quand on ne sait pas où la tracer ? Le problème, c'est que **nous** la verrons trop tard, quand elle aura été franchie.

— Et là, elle n'est pas franchie ?

J'y réfléchis.

— Peut-être, mais la vérité c'est que je ne sais pas, Jean-Roch. J'attends de savoir ce que va nous dire Kate.

— Tu devrais te souvenir des débats que nous avons eus en août 2010 lorsque Tom et l'équipe du Noor Hospital ont été assassinés.

— Oui, je m'en souviens, on s'est bien engueulés et n'avons rien décidé du tout.

— Comme si ça ne nous concernait pas !

— La question n'est pas là, Jean-Roch. Ça nous concernait, bien sûr, puisque Tom était médecin.
— Et l'un des meilleurs amis de Kate.
— Il n'empêche que nous, l'hôpital, La Chaîne de l'Espoir, La Maison des Enfants, nous n'avions pas été visés, et c'est ainsi que nous avions décidé de ne rien faire.
— Mais maintenant, tonne Jean-Roch, Kate est blessée !
— Oui, mais était-elle visée ? Ou bien se trouvait-elle juste au mauvais endroit au mauvais moment, dans un supermarché symbolisant l'Occident pour un taliban ?
— Je n'en sais rien, mais quand même...
— Et bien moi non plus je n'en sais rien, Jean-Roch.

* * *

Nous avons un peu boudé, ensuite, chacun dans son siège d'avion durant ce morne vol de nuit, et j'ai repensé à Tom. Tom Little, affectueusement surnommé « Mister Tom » par ses collègues et patients afghans. Cet ophtalmologiste américain s'était installé en 1976 avec sa famille en Afghanistan, pays qu'il n'avait plus quitté et dans lequel il avait sauvé la vue de milliers de personnes. Il a été tué avec neuf de ses collègues dans la province de Badakhchan, au nord du pays, le 5 août 2010. New-Yorkais athlétique et jovial de soixante et un ans, Tom travaillait pour une organisation caritative chrétienne présente depuis 1966 en Afghanistan – International Assistance Mission (IAM). Elle emploie cinq cents Afghans et une cinquantaine d'experts internationaux dans le pays. Tom était l'un des piliers de la National Organisation for Ophtalmic Rehabilitation (NOOR) qui établit des « camps » en province à partir desquels des ophtalmos parcourent les villages pour régler les problèmes de vue de leurs habitants. Les dix volontaires de IAM tués ce jeudi 5 août faisaient partie du « Nuristan Eye Camp », le camp de la région du Nuristan, et revenaient d'un difficile voyage à travers le massif montagneux de l'Hindou Kush après avoir soigné des villageois parmi les plus pauvres du pays. Alors qu'ils rentraient en voiture à leur base, ils ont été arrêtés par des hommes armés qui les ont abattus. Criblés de balles, leurs corps ont été trouvés par la police locale le 9 août. Le même jour, Zabihullah Mujahid, le porte-parole des talibans – celui qui, hier, revendiquait l'attentat du supermarché Finest – a déclaré à la chaîne de télévision britannique Sky News : « L'une de nos patrouilles a affronté un groupe d'étrangers. Ils étaient des missionnaires chrétiens. Nous les avons tous tués. »

À Kaboul, Tom était notre voisin. L'association IAM gérait l'hôpital d'ophtalmologie proche du nôtre. Au fil des années, nous avons dû lui envoyer un bon millier de patients souffrant de pathologies de la vue. Personne n'a jamais entendu ces patients faire la moindre remarque de nature religieuse le concernant. A plusieurs reprises, je l'ai rencontré, mais n'ai jamais su quelles étaient ses croyances. Je ne connaissais que sa passion pour l'ophtalmologie et son engagement humanitaire. Je me souviens d'un communiqué de l'ONG après la tragédie : « IAM est une organisation chrétienne et nous ne l'avons jamais caché. IAM est même enregistrée en tant que telle auprès du gouvernement afghan. Notre foi nous motive et nous inspire, mais nous ne faisons aucun prosélytisme. Notre action le prouve. Jamais nous n'aurions été invités à revenir dans les villages si nous avions utilisé l'assistance humanitaire comme couverture pour prêcher la foi chrétienne. »

Sans doute Jean-Roch pensait-il lui aussi à Tom car soudain il se tourne vers moi pour renouer le fil de notre conversion, amicale, mais périlleuse.

— Souviens-toi, Éric, combien la mort de Tom avait suscité d'émotion chez nous. Souviens-toi comme Kate était affectée. Elle s'interrogeait.

— Oui, je me souviens, elle disait que les qualités d'un être, son passé, son action, son engagement, sa personnalité ne sont rien aux yeux des autres s'ils ne sont que le symbole d'un Occident honni.

— Et là, avec cet attentat dans ce supermarché, c'est encore un degré de plus dans l'échelle de l'insécurité, non ?

— Bon, et alors, on fait quoi ? On ferme l'hôpital ?

— Je veux simplement te dire, Éric, que l'on est

choqués par ce qui vient d'arriver à Kate, mais pas surpris. On sait très bien, toi et moi, que tous les signaux sont au rouge depuis au moins un an, et qu'ils clignotent de plus en plus. Peut-être ne veux-tu pas la voir, mais c'est la vérité. Ça fait un an qu'on s'attend à ce genre de truc et toi tu cherches toujours ta foutue ligne blanche.

Jean-Roch a raison, je le sais. C'est pour ça que nous sommes là, dans cet avion, parce qu'il n'est plus certain qu'un hôpital, en Afghanistan, soit toujours un sanctuaire.

Nous retrouvons Kate à Kaboul, non pas au lit chez elle, mais debout à La Maison des Enfants, comme si de rien n'était. Couverte de pansements, elle est visiblement fatiguée, mais nous fait vite comprendre qu'on ne va pas s'éterniser sur cette histoire. Pudique, émue, elle nous raconte ces quelques minutes d'horreur et d'effroi dans le supermarché, un récit bref puis le sujet est clos.

Je tente néanmoins de réagir.

— Kate, je pense que cela serait bien que tu partes te reposer une semaine ou deux en Angleterre pour prendre un peu de recul.

— Il n'en est pas question, Éric.

Une réponse sans appel à laquelle je m'attendais. Kate pense, comme moi, que l'action constitue la meilleure des thérapies. L'envoyer en vacances à Liverpool ressortit de la « mission impossible ». Alors que c'est elle qui a failli perdre la vie, son aplomb me déstabilise. Je doute, soudain, pense aux propos de Jean-Roch, cette nuit, et me sens écrasé par la fatigue et le découragement. Cette violence aveugle qui vise ceux que j'aime et estime, ceux qui m'ont fait confiance, tout à coup m'assomme. L'envie me prend de m'asseoir dans un coin et de me recroqueviller sur moi-même. Pourquoi se battre contre la folie furieuse ? Pourquoi chercher à affronter la douleur et les destructions ? N'avons-nous pas présumé de nos forces en nous installant à Kaboul ? N'avons-nous pas péché par naïveté en imaginant que soigner des enfants pouvait nous épargner la violence qui règne autour de nous ?

Alors que ces pensées sombres m'envahissent, une jeune fille apparaît pour nous servir le thé. C'est Hosaï. S'approchant de moi, elle me demande sur un ton enjoué et dans un anglais chantant :

— *Would you like some tea ?*

— Oui, merci Hosaï, je veux bien. Tu parles anglais maintenant ?

— J'apprends avec Kate, me répond-elle, un sourire timide aux lèvres.

— Et elle apprend très vite, intervient Kate qui avale quelques gélules contre la douleur et les inflammations avec son thé.

Je revois Hosaï, le regard éteint, allongée sur le brancard qui l'emmenait au bloc, voici près de deux ans. Une plaie vive, mutilée par la main des siens. Je me souviens de ces trois longues opérations pour réparer ses blessures infligées par la folie humaine, ces deux semaines en réanimation, reliée à une machine qui lui rendait le souffle d'une vie dont, peut-être, elle ne voulait plus, cette longue période de réveil, ce mutisme prolongé d'une adolescente devenue seule au monde car rejetée par les siens, bannie de sa famille et de son village. Ce fragile éveil, enfin, au seuil d'une nouvelle existence, dans la maison de Kate.

Je tends ma tasse, Hosaï me sert le thé.

— Hosaï m'aide beaucoup pour les soins des enfants, poursuit Kate. Elle voudrait devenir infirmière.

Les joues de la jeune fille rosissent.

— Oui, dit-elle, j'aimerais devenir infirmière.

— Et ensuite, Éric, continue Kate, elle a le projet de passer le diplôme de sage-femme.

Kate a les yeux qui brillent en prononçant ces paroles, Hosaï rougit un peu plus.

— Tu vas y arriver, lui dis-je, et tu seras la meilleure des sages-femmes.

Je les regarde toutes les deux, Kate, son visage gonflé parsemé de sparadraps, survivante d'un attentat meurtrier commis la veille, et Hosaï, qui a connu l'enfer sur une table de cuisine et veut aider les autres Afghanes à donner la vie. Comment abandonner ce pays quand on a devant soi deux êtres aussi extraordinaires ? Comment imaginer pouvoir plier bagage ? Ce serait les trahir et nous renier. Il n'en est pas question. Comment perdre l'espoir quand brille cette lueur d'avenir que symbolise

Hosaï revenue vivante du tréfonds de l'obscurantisme ? J'adresse à ces deux femmes des remerciements silencieux. Grâce à elle, je sors du tunnel dans lequel j'étais entré depuis notre départ de Paris.

J'entends Jean-Roch annoncer à Kate qu'un budget supplémentaire nous permettra d'opérer une trentaine d'enfants de plus cette année. Elle a du mal à montrer sa joie, une plaie sur sa lèvre inférieure rendant son sourire douloureux. Avant de quitter La Maison des Enfants pour rentrer à l'hôpital, nous passons dans les chambres voir les petits patients. Hosaï ne nous quitte pas. Par des gestes affectueux, elle montre son empathie pour les jeunes malades. Près d'un garçonnet opéré d'une péritonite il y a quatre jours, elle vérifie le rythme de la perfusion, un peu plus loin elle relève les oreillers d'une fillette paraplégique, ailleurs elle remplit d'eau le verre d'un garçon brûlé au visage et qui ne peut boire qu'à l'aide d'une paille.

Devant la maison nous attend la Nissan bleu pétrole, notre fidèle Aghashrine au volant. Alors que nous démarrons, je le vois se pencher et faire un salut discret de la main en direction d'une fenêtre du premier étage. Derrière le rideau légèrement écarté, Hosaï agite ses doigts, le sourire aux lèvres. Un échange si furtif que je ne suis pas sûr de l'avoir bien saisi. Je me tourne vers Jean-Roch qui me lance un regard malicieux. Lui aussi a surpris le discret manège des deux jeunes gens. Aghashrine conduit en regardant devant lui, le visage rayonnant. Je l'observe, amusé, il s'en aperçoit et se tourne vers moi, l'air embarrassé.

— *Yes, Eric ?*

— Non, rien, Aghashrine. Je suis juste content de te voir.

— *Yes, me too, very happy to see you.*

Comme d'habitude, l'hôpital déborde de patients, d'urgences, de consultants, d'accompagnants. Alexander passe devant moi en poussant une jeune fille sur un fauteuil roulant en direction du scanner.

— Bonjour, nous lance-t-il, je vous vois tout à l'heure.

J'observe avec un plaisir immense cet hôpital qui vit sa vie, plein à craquer, accueillant trop de monde pour ses capacités, toujours au bord de la rupture, dépassant ses limites, accomplissant chaque jour des exploits comme s'il s'agissait d'une routine. Il ne compte pas assez de lits, n'a pas assez d'argent, pas assez de matériel et pourtant il fonctionne avec son lot quotidien d'enfants soignés, opérés, sauvés. Cet établissement est peut-être un îlot d'espoir dans un océan de misère et de désolation, mais la magie de sa seule existence, son énergie, me font oublier mon passage à vide de ces dernières heures. Nous formons une chaîne. Chacun d'entre nous en est un maillon. Nous nous tenons par la main et ne pouvons plus nous lâcher.

L'IDÉE D'UN AVENIR

Alexander nous retrouve dans la salle commune de la Maison des Médecins où règne une douce chaleur.

— Jean-Roch, Éric, heureux de vous voir. J'ai plein de choses à vous raconter, l'hôpital tourne à plein régime, dit-il. Mais d'abord...

Il se tourne vers moi, sa physionomie change, je vois de la gravité, soudain, dans ses yeux.

— ... Mais d'abord, reprend-il, un ton plus bas, je voulais te dire, Éric, que Mozamel est arrivé ce matin en urgence avec ses parents. Et il ne va pas bien.

La main sur le cœur

Alors que j'ouvre la porte du petit bureau de la radiographie, Nadjeebullah, seul et dans le silence, examine des clichés sur un plan lumineux. Il se retourne vers moi, l'ébauche d'un sourire aux lèvres. Nous nous saluons et regardons ensemble les radios.

— Ce sont les radios de Mozamel ?

— Oui. On les a faites en fin de matinée. Tu vois, là ?

— Je vois.

Une zone grisée à la base du poumon droit montre une infection évolutive, mais rien de bien méchant, me semble-t-il.

— Mozamel est un peu fiévreux, mais son infection bronchique n'explique pas tout, me dit Nadjeebullah, sur son ton habituel, calme et posé. Je le trouve très essoufflé. J'ai demandé à Rahima de lui faire une échographie.

— Pourquoi ? Tu penses que son cœur...

Je n'arrive pas à finir ma phrase, tant l'idée me glace.

— Éric, on va faire le point avec l'échographie et on verra. Tu sais, cela fait quatre ans qu'on n'a pas vu Mozamel en consultation. À chaque voyage de Kate dans le Panshir, elle va chez lui, mais jusqu'à présent elle n'a pas réussi à le ramener à l'hôpital pour contrôler l'évolution de son insuffisance mitrale par échographie. Avec la mort de leurs deux premiers enfants, j'imagine que les parents ont peur de le perdre, lui aussi.

Sans même en prendre conscience, je sors mon sifflet de bois du fond de la poche et le roule nerveusement entre mes doigts. Nadjeebullah observe l'objet dans ma main. Je le renfourne dans ma poche.

— Tu penses que cette infection pulmonaire cache un problème cardiaque ?

— C'est une hypothèse qu'on ne peut écarter, répond-il.

Il a raison et j'en suis effondré.

— Tu imagines, s'il arrivait quelque chose à Mozamel après la mort de Yalda ?

Il me regarde et ne dit rien. Oui, il imagine très bien, j'en suis sûr.

— Allez, viens, Éric, allons voir son échographie.

De loin, j'aperçois les parents de Mozamel assis dans le couloir, effondrés, comme si tous les malheurs du monde pesaient sur leurs épaules. Je ralentis le pas pour retarder le moment de cette rencontre. Nous entendant approcher, le père se redresse. Le visage amorphe, les yeux rougis, son pacol repoussé vers l'arrière de la tête, il a l'air décomposé. Yasmina, que je n'avais pas revue depuis la mort de Yalda, a terriblement vieilli en si peu d'années. Penchée vers l'avant telle une femme âgée qu'elle n'est pourtant pas encore, elle reste prostrée dans son silence. Le père se lève, saisit la manche de la blouse de Nadjeebullah et lui parle d'une voix sourde et plaintive, ponctuant chacune de ses phrases par une petite secousse de la manche qu'il tient toujours entre le pouce et l'index de sa main droite. Le chirurgien lui répond brièvement, d'un ton doux, puis me traduit ses propos.

— Il nous demande de sauver son fils, son dernier enfant, l'être le plus précieux qu'il ait au monde.

Tandis que le père ne nous quitte pas des yeux, je reste silencieux, sors le sifflet de ma poche et le pose sur la paume de ma main ouverte.

— Nadjeebullah, s'il te plaît, dis au père de Mozamel que j'ai ce sifflet dans ma poche depuis que son fils me l'a donné, quand Yalda était encore vivante, chez Kate. Tous les jours, en touchant cet objet de bois, je pense à Mozamel, à Yalda, et à eux, ses parents.

Nadjeebullah traduit. L'air effaré, l'homme regarde le sifflet sur ma main, puis se détourne et étouffe un sanglot. D'un geste du bras, il semble nous chasser.

L'estomac noué, j'entre dans cette pièce où nous

attend Mozamel. Dans la pénombre ronflent les pulsions de l'échocardiographe. Le docteur Rahima est assise à la droite de la table d'examen et déplace sa sonde sur le thorax dénudé de l'enfant. Ce dernier me fixe et je me sens gêné, intimidé par ce garçon. Il a grandi, c'est un beau gamin de onze ans, maintenant, mais il semble fatigué. D'emblée, son souffle court m'inquiète. L'impression me saisit de vivre ce que j'ai déjà vécu avec sa sœur, et mon malaise s'accroît devant lui qui plante ses yeux dans les miens avec la même interrogation muette mais impérieuse qu'il avait eue quand nous avions ramené Yalda en salle de réanimation après sa première intervention. Il cherchait alors un appui, demandait une promesse qu'il n'avait pas trouvée en fouillant mon regard. Et tout ce qu'il peut y lire aujourd'hui, malgré mes efforts, c'est mon inquiétude et mon désarroi. Étrangement, j'ai toujours eu la prémonition, au cours de ces années, que je reverrai ce gentil garçon, que nous nous retrouverions ainsi, à l'hôpital, et que nous aurions peur, tous les deux. Nous nous comprenons très bien, me semble-t-il. L'obstacle de la langue ? Une foutaise ! Nous parlons le langage universel de la détresse, l'esperanto de la souffrance et de l'angoisse.

Doucement, Rahima essuie une goutte de sueur sur le front de Mozamel, puis éteint la machine. À l'évidence, la valve mitrale du cœur du garçon, qui sépare l'oreillette et le ventricule gauche, est très malade : son rétrécissement empêche un flux sanguin normal entre les deux cavités cardiaques. Mozamel souffre d'un « rhumatisme articulaire aigu », une affection qui fait partie des marqueurs de la misère sanitaire. Sa présence ici témoigne du dénuement d'un pays face à la prise en charge d'une pathologie qui peut être traitée facilement et à peu de frais. Cette maladie a été identifiée en 1840 par un médecin français, Jean-Baptiste Bouillaud, qui l'explique en termes imagés : « Le rhumatisme articulaire aigu entre par la gorge, lèche les articulations et mord les valves du cœur. » Tel peut être en effet le cheminement d'un banal streptocoque dans le corps d'un enfant. Sans traitement adapté, cette bactérie déploie toute l'ampleur de sa gravité en s'attaquant aux valves du cœur. Des valves qui furent décrites dès le IIIe siècle après Jésus-Christ par Galien, un médecin grec, l'un des pères de la médecine occidentale, « comme les portes de l'intérieur du cœur », c'est dire leur importance. Infectées, elles ne peuvent plus s'ouvrir ni se fermer normalement, avec, à terme, des conséquences gravissimes. Le recours aux antibiotiques a fait disparaître cette affection dans les pays développés, mais là où ces thérapeutiques ne sont pas accessibles, comme dans les étroites vallées afghanes, des enfants meurent en suffoquant pour avoir été victimes, des années plus tôt, d'une simple angine. Une injustice fondamentale contre laquelle nous luttons au sein de La Chaîne de l'Espoir : celle de naître du « mauvais côté » de la planète.

Nadjeebullah, comme moi, a compris le mal de Mozamel, mais il n'en dit rien. Il attend, immobile et silencieux, que je prononce les paroles qu'il espère. Si je lui demande d'opérer cet enfant, il deviendra le premier chirurgien afghan à pratiquer seul une intervention à cœur ouvert dans son pays. C'est un instant étrange. Je suis accablé par le sort de Mozamel, mais en même temps ému, admiratif devant l'espérance et la retenue de Nadjeebullah, sa dignité, sa gravité.

— Nadjeebullah, tu sais ce que nous avons à faire, cette échocardiographie ne nous laisse pas le choix. Il faut opérer Mozamel à cœur ouvert, et dans les jours qui viennent...

Nadjeebullah m'écoute, toujours silencieux.

— ... Il n'est pas question d'attendre qu'une équipe arrive de France, on prendrait trop de risques en repoussant cette intervention. Donc, te voilà seul aux manettes et sans vouloir te mettre trop de pression, ce sera une grande première, comme tu le sais bien. La seule chose que je puisse t'offrir, c'est d'être ton aide.

Il ébauche un sourire, comme un remerciement discret, et me répond d'une voix calme.

— En effet, il faut l'opérer rapidement, c'est une évidence. Je te propose d'appeler Daniel Roux pour avoir son feu vert.

Il inspire profondément.

— Tu sais, Éric, je savais qu'un jour j'opérerais seul mon premier cœur. Je suis heureux à l'idée que nous allons peut-être, *Inch' Allah*, sauver

Mozamel, et heureux aussi, vraiment, que tu sois à mes côtés.

* * *

Ce matin, l'ambiance est électrique. Tout à l'heure, Mozamel arrivera au bloc. Incapable de dormir, je me lève aux aurores et vais à la cuisine de la salle commune pour faire un café. Alexander est là, sans doute lui aussi victime d'une insomnie, qui cherche un filtre pour la cafetière. Il a l'air furieux.

— Ah ! dit-il la tête dans un placard, voilà du café soluble.

Il s'agite, fait bouillir de l'eau et verse dans ma tasse un café noir comme la nuit. J'en bois une gorgée du bout des lèvres.

— Il est comment ? me demande-t-il.

— Il est dégueulasse, cher Alexander.

Je ris en voyant sa tête. Il se détend enfin.

— Je crois que je vais prendre un thé, dit-il.

— Et moi encore un peu d'eau chaude, dis-je en vidant les trois quarts de ma tasse dans l'évier.

Nous buvons nos breuvages en silence. Nos pensées nous occupent. La journée nous inquiète. Alexander regarde sa montre, moi la mienne.

— Allez, on y va, dit-il.

Au petit matin, l'hôpital s'éveille comme un chat qui s'étire. Je marche à pas feutrés dans le couloir des hospitalisations, au premier étage, m'approche de la chambre de Mozamel et vois le père prier, au bord du lit, un coran dans les mains. Se levant d'un bond, il me fait signe d'entrer. Mozamel a l'air épuisé. Je sors le sifflet de ma poche et lui montre. Il m'adresse alors un faible sourire qui aussitôt s'efface. Assise à côté de son fils, la mère relève son voile et tourne vers moi des yeux gonflés d'avoir trop pleuré. Je sors de la chambre à reculons. Pas un mot n'a été prononcé, mais tout a été dit. Alors que je franchis le seuil, les saluant de la tête, le père se lève, s'avance et m'étreint dans une longue accolade. Par-dessus son épaule, je vois le regard de Mozamel qui ne me quitte pas. Doucement, je prends le père par les épaules et le ramène près du lit de son fils alors qu'arrive le chariot qui doit l'emmener au bloc.

Un quart d'heure plus tard, Najibullah et moi nous lavons longuement les mains. Il porte déjà ses grosses loupes de vision sur le nez.
— Comment te sens-tu, Nadjeebullah ?
— Bien. J'ai eu Daniel, au téléphone. Il m'a dit : c'est ton jour, Nadjeebullah. Alors tu fonces !
Nous échangeons un sourire et rentrons, silencieux, habillés de nos casaques stériles, dans la salle 2 du bloc opératoire.

Trois heures et demie plus tard, assis dans la cuisine du bloc, je téléphone à ma compagne, à

Paris. Je me sens comme une cocotte-minute, il me faut évacuer le trop-plein d'émotions de ces moments intenses. Et comme la cocotte, je parle à toute vapeur.

— Tu ne peux pas savoir dans quel état j'étais en entrant en salle, lui dis-je, mais avec Nadjeebullah, ça s'est passé comme dans les livres, pas le moindre imprévu. La réparation de la valve a été superbe, du travail d'orfèvre. Le cœur de Mozamel est reparti spontanément. Je suis tellement heureux pour lui, pour ses parents, pour l'hôpital, pour Nadjeebullah aussi...

Lequel entre alors dans la pièce.

— ...Bon je te laisse. Je voulais juste que tu saches que c'était génial.

Il m'adresse un grand sourire.

— N'exagère pas. On a juste fait le boulot.

— Comment ça, on a fait le boulot ? Mais enfin, tu te rends compte ? Tu es le premier chirurgien afghan à avoir opéré seul à cœur ouvert dans ce pays, avec succès, et je dirais même avec brio. On a construit cet hôpital pour ça, pour sauver les petits Mozamel d'Afghanistan qui n'auront plus à attendre que l'hôpital existe, ni même espérer la venue d'une mission française puisque maintenant tu es ici, Nadjeebullah, un chirurgien afghan qui va former d'autres chirurgiens afghans. Mozamel et toi, vous êtes la preuve vivante que nous avions raison d'être déraisonnables, utopistes, un peu fous.

Le jeune chirurgien me regarde en souriant.

— Bon, merci Éric, je mesure l'importance de ce moment, mais pardonne-moi, je ne sais pas être aussi lyrique que toi.

Je ris et m'essuie les yeux.

La bonne humeur règne dans l'hôpital quand, peu de temps après son arrivée en réanimation, Mozamel est extubé avec l'accord du réanimateur et d'Alexander. Il peut ainsi respirer sans l'aide d'une machine.

— Tous les cadrans sont au vert, clame Alexander qui, ce soir, n'est plus la boule de nerfs qu'il était ce matin.

Il se tourne vers Nadjeebullah.

— Va expliquer à ses parents que Mozamel va bien. Sinon, ce sont eux qu'il va falloir réanimer.

Nadjeebullah s'approche des parents assis près de leur fils endormi. De loin, je l'observe leur expliquer l'intervention. Tous deux, suspendus à ses lèvres, semblent boire les paroles du jeune chirurgien. Le père tient à nouveau entre ses doigts la manche de la blouse de Nadjeebullah, comme pour mieux l'écouter. Après adieux et remerciements, Nadjeebullah vient nous rejoindre. De nouveau, les parents s'assoient et Yasmina, la mère, regarde d'un air anxieux les écrans lumineux des machines qui entourent le lit de son fils et qu'elle ne sait pas lire. Dommage, car toutes lui disent que Mozamel va bien.

LA MAIN SUR LE CŒUR

Ce soir, ignorant les consignes de sécurité qui interdisent toute sortie après le coucher du soleil, nous dînons dans la maison de Kate avec l'envie de prolonger encore un peu cette journée extraordinaire. C'est une soirée amicale et émouvante, Kate couverte de sparadraps, Nadjeebullah sur un nuage, Jean-Roch et moi mélancoliques car nous repartons demain. La conversation roule sur ce qui nous manque à Kaboul. Alexander évoque les longues plages du Mozambique qu'il affectionnait quand il vivait à Beira, au bord de l'océan Indien. Jean-Roch parle des senteurs du maquis corse, son île natale. Kate regrette le temps révolu des balades à cheval dans la vallée de Chamali, près de Kaboul. Nadjeebullah raconte ses heureuses années de footballeur. Je parle des belles vignes de Chiroubles que cultive mon père, du plaisir et de la fatigue des vendanges en automne. Quiétude, douceur, écoute, amitié. Une soirée comme une bulle dans laquelle nous flottons, au cœur d'un pays et d'une époque troublés. Un moment volé comme peut l'être un baiser, un bonheur furtif, une douce parenthèse dans la dure réalité afghane.

Le lendemain à 14 heures, Aghashrine, toujours ponctuel, arrive à la Maison des Médecins pour nous conduire, Jean-Roch et moi, à l'aéroport. Alors que le jeune chauffeur nous aide à charger nos bagages par le hayon arrière de la Nissan bleu pétrole, son portefeuille tombe d'une poche de sa veste. Je me penche pour ramasser ses papiers épars et vois une petite photo de la belle Hosaï, le voile de côté révélant un sourire éclatant. Prestement, Aghashrine me prend la photo des mains et la range dans son portefeuille. Mon air de connivence et une tape amicale sur l'épaule le rassurent. Il m'adresse un clin d'œil et pose une main sur son cœur.

Épilogue

> « Demain les affamés de mes amours seront satisfaits
> Car je veux traverser le village à visage découvert et chevelure au vent. »
>
> Sayd Bahodine Majrouh,
> *Le Suicide et le Chant,* poésie populaire des femmes pachtounes (Gallimard, 1994)

27 octobre 2011

« Ici, l'invraisemblable n'est pas exclu », m'avait dit un jour Alexander Leis alors que nous parlions de l'Afghanistan. Effectivement, l'invraisemblable est là, en cette fin d'après-midi d'automne, sous mes yeux ébahis. Je suis assis sur un sol couvert de tapis et de coussins, sous une tente que chauffe un poêle à bois. Elle est dressée au fond du jardin d'un restaurant d'un village du Panshir, proche de l'entrée de la vallée. C'est dans ce village qu'Aghashrine est né et c'est ici qu'il épouse, ce soir, la belle Hosaï.

Je suis entouré d'hommes, noyé dans les effluves de leurs parfums capiteux. La plupart sont engoncés dans des costumes occidentaux raides et mal coupés, certains de couleurs inhabituelles – vert amande, parme, bleu ciel – agrémentés de cravates criardes, de téléphones portables attachés aux ceintures et de souliers bien cirés. Quelques autres, à mon avis plus élégants, portent des vêtements traditionnels ornés de broderies... Aucune jolie femme à l'horizon, par contre. Aucune femme du tout, d'ailleurs, qu'elle soit jolie ou non. Cette fête est un mariage afghan et même lorsqu'ils célèbrent leur union, les sexes, ici, ne se mélangent pas. Parmi la cinquantaine d'invités masculins, je vois Nadjib, « le-chauffeur-de-la-jeep-du-commandant-Massoud », flamboyant, assez toréador, dents blanches, chemise rouge et veston noir. Très chic, Nadjeebullah Bina porte un costume bleu nuit acheté à Lyon durant son stage. Alexander a sorti son unique cravate, qu'il réserve exclusivement aux grandes occasions, et étrenne une veste en feutre beige dont il a fait l'emplette récemment à Kaboul. Jalil Wardak a endossé le blazer à boutons dorés qu'il s'était offert à Manchester. J'aperçois Mozamel et son père et nous nous embrassons. J'ai une pensée pour Yalda, bien sûr, et regarde Mozamel, un bel adolescent, maintenant, les cheveux brillants de gel, vêtu d'un costume occidental trop large pour lui qu'illumine une cravate chatoyante. Le père parade dans une vieille redingote brodée dans des tons jaune passé et s'est coiffé d'un pakol

ÉPILOGUE

marron clair qui semble neuf. Nous sommes tous beaux comme des camions.

    Un buffet a été dressé au fond de la tente qu'encadrent deux magnifiques bouquets de fleurs. À sa gauche, trois musiciens en costume traditionnel sont assis sur des tabourets bas. Ils jouent des musiques dansantes, l'un d'une flûte appelée *toula*, un deuxième d'un harmonium local, sorte d'accordéon horizontal. Le troisième donne le rythme de la mélodie en tapant sur un *tabla*, un tambourin afghan. Déjà, vieux et jeunes commencent à danser, bras ouverts, tournant les mains, l'air impénétrable.
    En surplomb du jardin sur lequel le jour décline doucement en ce début de soirée se situe le restaurant sur la façade duquel court une treille si vieille qu'elle semble soutenir le mur. C'est dans ce bâtiment que se rassemblent les femmes. Loin de nos regards, elles ont enlevé burqas et foulards. Joliment coiffées, dans des robes élégantes, parfois les bras nus, elles montrent leurs bijoux. Le téléphone mobile est pour l'intégriste, sans doute, une invention satanique car toutes ces beautés afghanes s'en servent pour se prendre mutuellement en photo qu'elles envoient aussitôt sur les téléphones des hommes. Tous, sous notre tente, admirons, ravis, leurs charmes et leur élégance. Un mur nous sépare que la technologie rend heureusement obsolète et transparent.
    — Alors, Éric, me demande Nadjeebullah, c'est le premier mariage afghan auquel tu assistes ?

— Oui, et je dois t'avouer que pour rien au monde je ne l'aurais manqué.

* *

C'est par un appel de Kate à la fin du mois d'août qu'est arrivée la nouvelle :
— *Hello, Eric, I have very good news and I am so happy :* Hosaï et Aghashrine vont se marier. La famille d'Aghashrine accepte cette union. Compte tenu du statut d'orpheline virtuelle d'Hosaï, c'est Alexander et moi qui lui servirons de parents. La cérémonie aura lieu le 27 octobre et nous serions tellement heureux si tu pouvais venir.
— Mais bien sûr, Kate, je vais venir !

À distance, nous avons réglé quelques détails dont celui de la dot d'Hosaï. Une souscription amicale a été lancée pour offrir au jeune ménage assiettes, couverts, casseroles et draps de lit. Pour faire bonne mesure, nous y avons ajouté la Nissan bleu pétrole. Aghashrine nous a promis qu'il continuerait à la conduire pour Kate, ses amis et les enfants malades.

Cette union m'apparaît non seulement comme un bonheur, mais en ces temps incertains, comme une thérapie, aussi. Elle illumine une sombre période. Ce mariage prouve que tout peut arriver, même le meilleur, contrairement aux idées reçues qui voudraient que le destin de l'Afghanistan soit un perpétuel désastre. L'amour et le bonheur, ici,

ÉPILOGUE

semblent incongrus, mais ce soir, ils sont au rendez-vous. Cette réunion joyeuse – ces hommes qui dansent, bombardés de bonbons par Aghashrine, rieur et splendide dans un costume blanc et une cravate rose fluo – me paraît exemplaire de cette aptitude afghane à la gaieté au milieu du chaos. Douze jours plus tôt, non loin de ce village, la ville voisine de Rokha était le théâtre d'un attentat-suicide – le premier dans le Panshir, à ma connaissance, depuis l'assassinat de Massoud. Deux hommes se sont fait exploser à la porte d'une base militaire de l'OTAN. Cette action terroriste visait un symbole de l'Occident. Ses trois victimes – deux chauffeurs de camion tués, un gardien blessé – sont des Afghans.

L'attentat du Panshir, jusque-là un sanctuaire épargné par le terrorisme, conclut un été sanglant. Fin juin, des talibans tuent douze personnes à l'hôtel Intercontinental de Kaboul pourtant particulièrement bien gardé. Le 19 août, un autre commando-suicide prend d'assaut le siège du British Council, l'institut culturel britannique dans la capitale afghane, et affronte la police pendant près de neuf heures, faisant neuf morts. Le 13 septembre, enfin, des talibans mènent une série d'attaques coordonnées en plein cœur de Kaboul. Armés de lance-roquettes et de mortiers, les assaillants s'en prennent au quartier général des forces de l'OTAN, aux abords de l'ambassade des États-Unis. Une bataille urbaine s'engage. Les combats durent dix-neuf heures et provoquent la mort de onze personnes, dont cinq combattants talibans. Cette audace, ce choix des cibles parmi les mieux protégées du pays, a constitué une démonstration terrifiante de la capacité des islamistes à agir où et quand bon leur semblait, et cela alors que commence le retrait progressif des troupes étrangères, d'ici à 2014. L'événement a eu un effet dévastateur sur le moral de la population, déjà très pessimiste à l'égard de l'avenir, et sur les équipes de l'hôpital.

— Nous avons passé tout l'après-midi, avec les malades qui pouvaient se déplacer, réfugiés dans les sous-sols après une explosion proche de l'hôpital et des bruits de tirs et de combats dans la ville, me raconte Alexander. Pour surveiller les patients immobilisés dans leur lit en hospitalisation et en réanimation, nous faisions des incursions rapides, en courant dans les couloirs, pliés en deux, passant sous les fenêtres pour éviter les tirs.

Je me suis demandé alors si ma fameuse « ligne blanche » n'avait pas été franchie.

Quelques jours plus tard, le 20 septembre, l'ancien président Burhanuddin Rabbani, en charge du Haut Conseil de la paix censé chercher un accord politique avec des talibans prétendument « modérés », était assassiné par deux hommes se faisant passer pour leurs mandataires. Faux émissaire mais vrai taliban, l'un des islamistes a

ÉPILOGUE

déclenché une bombe cachée dans son turban au moment où Rabbani lui donnait l'accolade. Tous deux ont été tués et le deuxième taliban, gravement blessé.

Même si les Afghans gardent un souvenir terrible de la présidence de Rabbani, entre 1992 et 1996, la période la plus dure de la guerre civile, son assassinat fut un nouveau choc pour la population. L'attentat mit en évidence qu'une solution politique n'intéressait pas les talibans.

Cette soirée agit sur moi comme un baume sur le cœur après ces dernières semaines dominées par le meurtre et la folie des hommes. Alors que je m'approche du buffet, Mozamel m'adresse un sourire qui illumine son visage. Je saisis le sifflet dans ma poche, le porte à mes lèvres et émets une jolie note. Mozamel éclate de rire. Je recommence aussitôt car son rire me remplit de joie. Surprise, l'assistance nous regarde, un instant silencieuse. Elle ne voit qu'un étranger amical qui rigole avec un gamin afghan et le brouhaha reprend. Les musiciens font à nouveau danser les hommes, dont le père de Mozamel, son pakol de travers, qui joue les derviches tourneurs, les yeux clos et le sourire béat.

Najeebullah vient vers nous et s'adresse à l'enfant qu'il a opéré moins de huit mois plus tôt.

— Dis donc, Mozamel, tu m'as l'air en pleine forme ?

AU CŒUR DE L'ESPOIR

L'enfant lui répond joyeusement. Nadjeebullah me dit ensuite que le garçon a repris l'école, joue au football et a aidé son père pour la récolte des abricots, très gros et bons cette année. Quelle plaisir de le revoir ainsi, rieur et bavard, l'écouter nous raconter son quotidien sans souci, comme doit l'être celui de tout enfant de son âge.

Il est temps, me dit Nadjeebullah de nous rendre dans le restaurant pour le *nekah*, la cérémonie du mariage qui consistera à signer un contrat sous la présidence d'un mollah. À la demande d'Hosaï, Alexander, Nadjeebullah et moi représenterons ses intérêts. Kate, en tant que mère adoptive, arrivera avec la jeune fille. Nous nous retrouvons dans une vaste arrière-salle du restaurant dans laquelle la musique, les rires des femmes et leurs claquements de mains nous parviennent assourdis. La famille d'Aghashrine est représentée par trois hommes auxquels nous nous joignons pour former une ligne devant une longue table couverte de friandises et de fleurs. Une trentaine d'invités choisis par les deux « familles » entrent derrière nous et restent silencieux. Face à nous, Hosaï et Aghashrine, assis côte à côte sur une banquette posée sur une estrade, regardent droit devant eux, comme s'ils s'ignoraient. Hosaï est ravissante dans une longue robe verte, sous un voile de même couleur. Le futur marié affiche un air concentré qui paraît comique tant cette attitude lui est inhabituelle. Kate, joliment maquillée, porte une longue robe noire et un

ÉPILOGUE

grand châle de soie jaune recouvrant partiellement sa chevelure blonde. Elle se tient à la gauche d'Hosaï. Le père d'Agashrine, debout à la droite de son fils, est un bel homme, grand, la barbe poivre et sel, vêtu d'un superbe chapan brodé, coiffé d'une toque en astrakan. Avec ce manteau et ce couvre-chef, son élégance rivalise avec celle, légendaire, du président Hamid Karzaï. Entre alors le mollah, un vieux très digne, la barbe blanche comme neige. D'une voix grave et lente, il lit des versets du Coran puis explique le contrat de mariage et les éléments de la dot. Se retournant vers les deux jeunes gens, il les interroge à trois reprises pour s'assurer de leur consentement. Sans jamais se regarder, ils acquiescent d'une même voix. Le mollah fait alors signer le contrat à tous les représentants puis prie Dieu de bénir ce couple, de lui accorder santé, richesse et de nombreux enfants.

Le mariage scellé, nous applaudissons les époux tandis que les musiciens entrent pour jouer un air traditionnel. Kate et le père d'Aghashrine couvrent alors les têtes des mariés d'un vaste châle brodé, le mollah leur demande de lire un verset du Coran, puis Kate leur tend un miroir dans lequel ils se regardent enfin. Jadis, c'était souvent la première fois que les nouveaux époux découvraient leurs visages. Face au miroir, Hosaï et Aghashrine se sourient.

Quelques minutes plus tard, le père du marié trace avec son doigt imprégné de henné un cercle dans la paume de la main et le petit doigt d'Hosaï. Visiblement émue, Kate fait à son tour le même dessin dans la paume d'Aghashrine. Les musiciens jouent sans relâche. Je me laisse porter par l'ambiance, cette musique, ce rituel. La vie, me dis-je, fait du passé table rase. L'amour et le temps vont effacer ensemble, patiemment, le souvenir du drame qu'a vécu Hosaï voici à peine un an et demi.

Chacun se dirige vers le buffet où les plats chauds sont joliment disposés. Kate abandonne les femmes pour nous rejoindre et nous l'accueillons en levant nos canettes de Coca-Cola. Alexander, Nadjeebullah et moi partageons avec elle un plat de riz agrémenté de pistaches, d'amandes, de carottes et de viande de mouton – le *gabili palao*. La maman d'Afzal le fait très bien, m'avait dit ce garçon que j'aimerais bien voir avec nous, aussi, ce soir.

— Toutes les nuits, nous dit Kate, j'entendais Hosaï pleurer pendant des heures. Aujourd'hui, elle est si heureuse. Tu vois Éric, il ne faut jamais oublier que même ici, en Afghanistan, le pire n'est pas certain. Depuis seize ans dans ce pays, j'ai entendu tous les stratèges, les spécialistes, les experts, et suis fatiguée de leurs certitudes qui ne se sont jamais vérifiées. Ce que l'on vit ce soir, ils ne l'avaient pas prévu. Personne ne me fera croire qu'il n'y a pas d'espoir dans ce pays alors qu'Hosaï a survécu, que Mozamel court dans le jardin, qu'Afzal rêve de devenir pilote d'avion...

Elle s'arrête et essuie ses yeux. Son émotion me touche.

ÉPILOGUE

— J'éprouve le même sentiment que toi, Kate, lui dis-je. Il ne faut pas penser à l'Afghanistan, il faut penser aux Afghans. C'est comme ça qu'on gardera le cap.

— Oui, c'est vrai, ça, s'exclame Alexander. Quand je crois que je ne vais plus tenir, que travailler ici est dérisoire, une goutte d'eau dans la mer, arrive une petite Yalda, un Afzal, ou un Mozamel, la jolie Hosaï et tout va mieux.

— J'admire votre optimisme, mes amis, et j'en ai besoin, parce que moi j'ai peur, nous avoue Nadjeebullah. Peur pour ma famille, pour moi. Je sens le chaos qui revient, une guerre civile peut éclater demain, quand sera parti le dernier soldat de l'OTAN, comme elle a éclaté hier avec le départ du dernier soldat soviétique.

— Ce n'est pas le moment d'avoir peur, Nadjeebullah, c'est le moment de lutter, lui dis-je. Si les Afghans ne veulent plus des talibans, ces derniers ne pourront pas conquérir le pouvoir. L'ère des dictatures s'achève et ce n'est pas grâce à l'Occident, mais aux peuples eux-mêmes qui chassent leurs tyrans.

— *Inch'Allah.*

— Non, Nadjeebullah, pas *Inch'Allah,* intervient Kate.

— Oui je sais, dit-il avec un sourire ironique. *Never give up,* c'est ça ?

— Exactement, répond-elle. *Never give up !*

*
* *

AU CŒUR DE L'ESPOIR

Dans l'avion du retour à Paris, je regarde la nuit noire à travers le hublot. Pourquoi l'Afghanistan serait-il condamné à l'obscurantisme ? Pourquoi ne connaîtrait-il pas, une fois parties les armées étrangères, sa période des Lumières ? Rien ne devrait empêcher que la vie et la liberté s'épanouissent dans ce pays dont la culture est ancienne et riche, les ressources minières importantes et largement inexploitées. L'Afghanistan pourrait devenir prospère et de nouveau heureux si les conflits, la corruption et les obsessions religieuses lui étaient épargnés. Il est ce qu'il est aujourd'hui à cause de la guerre qui dure depuis plus de trente ans. Elle a eu un effet dévastateur sur l'éducation des enfants, sur la santé et la morale publique. Les sommes d'argent astronomiques qu'elle a mobilisées ont généré et consolidé les mafias, renforcé la corruption. Pourquoi étudier là où la vie est si courte ? Pourquoi rêver à l'avenir quand, demain, sauter sur une mine fait partie des possibles ? Comment aller à l'école quand les petits frères ont faim ? Pourquoi construire un hôpital puisqu'il ne rapporte rien ? Pourquoi étudier la médecine quand la mort relève de la fatalité divine ? Comment devenir un citoyen honnête quand le pouvoir ne l'est pas ?

Je pense à Hosaï, à son bonheur nouveau au côté d'Aghashrine. L'avion sort des nuages et le ciel, soudain, se saupoudre d'étoiles. J'aimerais qu'il y en ait une, une bonne étoile, pour veiller sur cette

ÉPILOGUE

jeune mariée, l'aider à réaliser son rêve : devenir sage-femme dans une nation en paix, travailler dans un bon hôpital, construit, autrefois, par des médecins français. Elle les a connus et se souvient d'eux. Ils aimaient les Afghans.

Remerciements d'Éric Cheysson

Deux cent quatre-vingt mille consultations, sept mille enfants opérés, quarante-deux mille scanners, seize mille enfants hospitalisés, onze cents missionnaires, voici, en cinq chiffres, résumée la belle aventure de la construction d'un hôpital moderne aux normes occidentales dans une ville au cœur de l'Orient, éprouvée par les guerres et le temps : Kaboul.

L'aventure est belle, elle a duré toute la décennie. Dix ans de rêve, dix ans de lutte collective, dix ans tendus vers un seul but : bâtir, équiper, financer ce lieu permettant aux enfants afghans et à leur famille de retrouver santé, espoir et dignité. Elle se poursuit encore puisque nous allons agrandir l'hôpital, jusqu'alors dédié aux enfants, pour y accueillir leurs mères, dans des services de maternité, d'obstétrique et de gynécologie.

Depuis novembre 2001, le chemin a été long, semé d'embûches. Il nous a fallu l'endurance et la ténacité d'un ensemble extraordinaire de personnes généreuses et dévouées pour rendre possible l'improbable. Aujourd'hui, cet hôpital est une réalité. Je suis certain qu'il fera plus pour la paix en Afghanistan que toutes les armées du monde.

Pour démarrer, une telle aventure nécessite une impulsion forte. Celle-ci est venue de la journaliste Marine Jacquemin et de la comédienne Muriel Robin qui, avec une énergie sans faille et une constance admirable, ont levé une partie des fonds nécessaires à la construction et à l'équipement de notre hôpital. Les multiples réunions de travail, les conférences, les dîners de bienfaisance, les interviews, les voyages avec elles à Kaboul restent pour moi un exemple rare de volonté et de détermination. La journaliste Claire Chazal elle aussi a toujours été à nos côtés, manifestant son soutien et son amitié sans faille. J'appelle ces femmes mes trois muses. Ma reconnaissance leur est infinie. Un énorme merci aussi à deux femmes de cœur, Nilab Mobarez et Françoise Monard, qui m'ont apporté un soutien indéfectible dans cette aventure dès le départ. Il me faut remercier ici également les quelque vingt mille donateurs qui ont répondu avec générosité aux appels aux dons lancés sur TF1 et d'autres chaînes de télévision. Sans eux, c'est très simple, l'hôpital de Kaboul n'existerait pas.

C'est grâce à Marine Jacquemin que Mme Chirac a connu notre projet, mis à sa disposition son temps et son énergie. Son soutien nous a aidés à surmonter de nombreux obstacles. Elle est venue à deux reprises à Kaboul, pour la pose de la première pierre en 2003 et pour l'inauguration en 2006. Je la remercie du fond du cœur.

Ma reconnaissance va aussi aux grands donateurs et partenaires de cette aventure : François Pinault, qui nous a aidés avec efficacité à lever une partie des fonds nécessaires, Mir Nezam (société Allergan), Didier Quillain (Olympus), Jean-Marie Bigard, Sanofi Aventis, la Caisse d'Épargne, Gérard Mestrallet, Valérie Bernis et Jean-François Sirelli (groupe GDF-Suez), Areva, le Crédit Agricole, Véolia Environnement, Siemens, Blackstone, Casino, Clarins, Dassault, Eurazeo... Leur aide a été décisive.

Tous les dons, modestes ou importants, ont été reçus par La Chaîne de l'Espoir avec la même gratitude. Merci à tous pour votre générosité et votre sens de la solidarité humaine.

À Kaboul, connaître Kate Rowlands et Alexander Leis est un cadeau de la vie. Merci à eux d'être ce qu'ils sont.

Dès 2002, le projet de construction se heurte à une réalité incontournable : à Kaboul, alors, il n'y a pas de sable, plus de bois et pas de ciment. Un mauvais départ pour un projet immobilier de cette envergure ! Notre rencontre, en 2003, avec Martin Bouygues scellera l'avenir de l'hôpital grâce à sa prise en charge du chantier et à son aide financière. La mobilisation des équipes du Groupe Bouygues à

Paris et à Kaboul a été magnifique. Un immense merci, donc, à Martin Bouygues, à Olivier Poupart-Lafarge, alors directeur financier du groupe, à Jacques Marchandella, Alain Ginsburger, Martial Quillet, Mohamed Gargouri. Une affectueuse pensée, aussi, pour le regretté Roger Aujames, architecte et urbaniste, qui n'aura pas eu la chance de voir fonctionner cet hôpital au projet duquel il a tant travaillé..

La rencontre avec son Altesse Aga Kahn, à qui s'adresse également ma profonde gratitude, fut un élément clé qui nous a permis d'assurer la pérennité de ce projet, de l'inscrire dans une démarche d'excellence couronnée par la certification ISO 9001 de notre hôpital, en 2009 (seul établissement public à bénéficier d'une telle certification en Afghanistan). Je veux souligner la qualité de la collaboration avec l'ensemble des équipes de l'Université Aga Khan de Karachi et les liens d'amitié qui se sont noués au fil des années. Merci à Nadeem Kahn, Lee Hilling, Aziz Jan, Al-Karim Haji, Farhat Abbas, Ali Mawji, Shain Baz Hakemy, Nour Safi, pour leur professionnalisme et leur confiance.

Merci aussi aux différents ambassadeurs en poste durant ces années difficiles, Jean-Pierre Guinhut, Régis Koetschet, Jean de Ponton d'Amécourt. Nous avons beaucoup partagé, discuté de ce projet. Leur aide, leur écoute, leur disponibilité ont été d'une grande aide. Merci également à Denis Sainte-Marie,

REMERCIEMENTS D'ÉRIC CHEYSSON

Philippe Larrieux, Olivier Guillaume et Olivier Dinh Van. Merci, aussi, à Pierre Lellouche et à Renaud Muselier.

Pour réaliser, dès 2012, l'aile de la mère dédiée à la gynécologie et à l'obstétrique, nous avons obtenu l'appui et le financement de l'Agence française de développement à hauteur de 9 millions d'euros. Merci à l'ensemble de ses membres à Paris et à Kaboul, de leur aide et de leur expertise.

Merci à Jean-Roch Serra, Émile Dinet et Philippe Dumas qui par leurs conseils avisés m'ont aidé dans ce long parcours commun.

Plus d'un millier de missionnaires bénévoles sont partis en mission dans l'hôpital de Kaboul pour de courtes ou longues durées : infirmières, ingénieurs biomédicaux, médecins, techniciens, administrateurs. Je les remercie, ainsi que leurs familles qui ont accepté leur départ malgré l'angoisse qu'un tel voyage génère généralement. Bien entendu, je ne peux citer tous ceux qui sont partis mais qu'ils sachent que leur aide et leurs actions ont été essentielles, et ma gratitude à leur égard est immense.

Je veux ici exprimer une pensée particulière pour Françoise Labat qui a passé près de deux ans, jour et nuit, auprès des enfants en salle de réanimation et a formé de nombreux collègues afghans. Pour elle aussi, ma reconnaissance est infinie.

Merci aux équipes de La Chaîne de l'Espoir et aux collègues qui ont offert leurs compétences à notre projet : Maryvonne Barbat, Alain Bonifay, Daniela Brenner, Christine Couton, Fabienne Degouy, Karine Guldeman, Philippe Muller, Bernard Baugey, Elisabeth Werner, Marie Jacob Derex, Marie-Noëlle Mayer, Keyvan Mazda, Archid Azarine, Sylvain Chauvaud, Jean-François Mallet, Nicole Portier, Jacques Robin, Catherine Cloup, Mathieu Debauchez, Philippe Dessemme, Bernard Pavy, Philippe Dumas, David Guez, Alain Le Coustumier, Danièle Laporte, Alain Rubin, Émilie Favreau, Jean-Pierre Jablonski, Aline et Jean-Pierre Perret, Delphine Ulm, Claude Rambaud, Jean-Claude Sargentini, Yolande Thomas, Cécile Flandrin, José Uroz, Bernard Touchot, Sabera Nassir, Léon Phong, Mathias Angres, Daniel Roux, Yann Révillon, Gérard Babatasi.

Un grand merci à Bernard Matussière, compagnon de voyage et œil d'artiste. Les photos de ce livre en témoignent.

Merci à tous nos collègues afghans du FMIC d'avoir cru en ce projet, d'y avoir mis votre énergie et d'être toujours les acteurs de soin au service des enfants afghans. Ma gratitude, notamment, à deux chirurgiens afghans cités dans ce livre, Jalil Wardak et Nadjeebullah Bina, pour le rôle éminent qu'ils jouent dans la transmission de leurs savoirs à leurs jeunes confrères de Kaboul.

Merci à l'armée française de participer depuis le départ aux transports des médicaments, du

REMERCIEMENTS D'ÉRIC CHEYSSON

matériel médical à bord des Transals permettant l'approvisionnement de l'hôpital.

Merci à Alain Deloche et Bernard Kouchner de m'avoir permis d'être ce que je suis aujourd'hui.

Merci à Nicole Lattès et Antoine Caro d'avoir eu l'idée de ce livre et de nous avoir accompagnés dans son élaboration. Ce livre n'existerait pas sans Michel Faure, qui a su trouver les mots pour bâtir ce récit et exprimer ma passion pour cet hôpital de Kaboul. Homme réfléchi et journaliste rigoureux, il est devenu au fil des semaines, des mois, des pages, un ami.

Merci à mes enfants, Marie et Hugo, à mon père Philippe, trop souvent privés de ma présence au cours de cette décennie. Ils ont toujours accepté et soutenu ce projet. Je les en remercie beaucoup. Ils n'ont jamais, cependant, quittés mon cœur et mes pensées.

Merci à Véronique Abadie pour son implication dans le projet, pour sa présence à mes côtés, sa patience constructive et sa lecture critique et bienveillante du manuscrit.

Remerciements de Michel Faure

Merci à Nicole Lattès et à Antoine Caro, nos éditeurs, de m'avoir choisi pour écrire avec Éric Cheysson l'histoire de cet hôpital. Et merci à Éric Cheysson de m'avoir accepté comme coauteur. Pour me faire partager cette aventure d'une décennie, il m'a accordé beaucoup de son temps précieux. Avec ce projet commun d'un livre, notre collaboration s'est muée en amitié sincère et j'en suis très heureux. L'association La Chaîne de l'Espoir m'a ouvert ses portes. Tous les bénévoles que j'y ai rencontrés m'ont eux aussi donné du temps et répondu à mes nombreuses questions. Qu'ils en soient tous remerciés, tout particulièrement Alain Deloche, Marine Jacquemin, Françoise Monard, Véronique Abadie, Jean-Roch Serra, Fabienne Degouy, Nicole Portier, Marie Jacob-Derex, Maryvonne Barbat, Philippe Dumas, Bernard Matussière, Nicolas Malivel. Merci à Philippe Muller, aussi, qui, à Kaboul, en compagnie du volubile Nessar Ahmad Nazari, m'a fait visiter les

« coulisses » de l'hôpital, et à Michel et Françoise Calvino, qui comptèrent parmi les premières familles d'accueil d'enfants malades au tout début de La Chaîne de l'Espoir, et m'ont parlé, eux aussi, de l'association avec passion lors d'un voyage à Kaboul. Merci à Nadjib, ex-chauffeur de la jeep du commandant Massoud, qui m'a consacré du temps à Paris et à Kaboul. Merci également à Jean de Ponton d'Amecourt, ambassadeur de France à Kaboul lors de mon séjour dans la capitale afghane pour m'avoir brossé le vaste décor de l'Afghanistan dans lequel s'inscrit l'histoire de cet hôpital.

Merci également à Muriel Robin, Claire Chazal, Martin Bouygues, Olivier Poupart-Lafarge, Hugo Cheysson, Mir Nezam et Olivier Quillain qui tous m'ont reçu avec gentillesse et ont tenté de répondre à mon inextinguible curiosité.

À Kaboul, Younus Diliyab, le directeur financier de l'IMFE, en l'absence de son directeur Aziz Jan qui m'avait souhaité par écrit la bienvenue au nom du réseau de développement de l'Aga Khan, m'a accueilli chaleureusement, de même qu'Alexander Leis, le directeur médical, qui m'a longuement parlé de son travail et m'a fait aussi découvrir les meilleurs kebabs de la ville. Françoise Labat, réanimatrice, qui travaille beaucoup et dort peu, a trouvé le temps de me décrire les émotions intenses que vit un médecin comme elle face à des enfants suspendus entre la vie et la mort.

Le Dr Abdoul Baha a accepté de me servir d'interprète et m'a accompagné chez les parents de la jeune Elaha, dont l'accueil et la gentillesse m'ont profondément touché. Ma gratitude va également à la famille de la jeune Parwana, quinze ans, elle aussi opérée à cœur ouvert et qui veut devenir journaliste, m'a-t-elle dit, « pour expliquer la misère ».

Merci à Khairuddin Kaaka de m'avoir longuement parlé des mécanismes du « welfare system » et à Mirwais Nazari, le « Robin des bois en veston de cuir », de m'avoir montré comment, concrètement, ce système fonctionne.

Ma gratitude s'adresse aussi à celles et ceux qui m'ont raconté leur vie et leur travail à Kaboul. La place m'a manqué pour les citer tous ici, mais tous m'ont aidé à comprendre la vie de l'hôpital au quotidien et pourquoi il est passionnant d'y travailler. Je pense notamment au chirurgien Jalil Wardak qui m'a admis au bloc quand il opérait, à Lucie Mankarious et Fadila Boulebene, deux jeunes infirmières françaises qui ont choisi l'aventure de Kaboul, à Suleiman Nabiyar, un infirmier franco-afghan qui retrouve son pays natal qu'il a quitté enfant, vingt ans plus tôt, et qui s'interroge parfois sur ses racines, sa culture et son identité. Yacine Kabiri, médecin anesthésiste, Nasri Toufanpour, surveillante de bloc depuis l'ouverture de l'hôpital, Aly Mawji, le représentant de l'AKDN, les gardiens Ismaël, Nasrullah et Rahman shah Imran, avec lesquels nous avons bien ri en prenant des photos, d'autres encore qui m'ont salué en souriant, la main sur le cœur, tous m'ont accordé du temps ou simplement un instant d'attention et je leur en suis infiniment reconnaissant.

Je dois souligner la disponibilité et la gentillesse du Dr Nadjeebullah Bina, l'un des deux premiers chirurgiens afghans à avoir opéré à cœur ouvert de façon autonome en Afghanistan. Il m'a longuement expliqué sa vie, ses études en France, m'a fait visiter le vieil hôpital où il fit ses débuts, le Wazir-Akbar-Khan, dont l'état est désolant, ainsi que l'hôpital pédiatrique Indira-Gandhi, qui lui aussi suscite plus la compassion que l'admiration. Nadjeebullah m'a ouvert la porte du bloc opératoire où il opérait, et dans son désir de me faire mieux connaître son pays et les plaisirs, rares, qu'il peut offrir, il m'a même emmené dans une boulangerie me faire goûter du pain chaud dont je garde encore le goût en mémoire. Son attitude très amicale m'est allée droit au cœur.

Julien Szwebel, jeune chirurgien plasticien parisien en mission à Kaboul, m'a lui aussi admis au bloc durant ses interventions, très émouvantes, sur des enfants brûlés et sur une petite fille défigurée par un cancer de la peau. Un dermatologue de Bordeaux en mission, Jacques Pujos, d'une humanité et d'un humour rares, a ponctué ce séjour à Kaboul, dominé par les drames d'enfants malades, de ses éclats de rire et de sa bonne humeur, laquelle fut toujours contagieuse.

Merci à Nilab Mobarez, désormais porte-parole des Nations unies à Kaboul, pour ce dîner une froide nuit d'hiver afghan durant laquelle elle a

REMERCIEMENTS DE MICHEL FAURE

évoqué de vieux souvenirs et ses espérances quant à l'avenir de son pays.

Et je dirai, enfin, ma reconnaissance et mon admiration pour Kate Rowlands qui m'a reçu à La Maison des Enfants. Sa personne, son histoire, cette maison, tout m'a beaucoup ému.

Je remercie Françoise Monard, Véronique Abadie, Marine Jacquemin et ma femme, Christiane Facomprez, éditrice bienveillante et attentive, d'avoir accepté de lire ce livre avant sa parution. Malgré leur vigilance, nous sommes, Éric et moi, les seuls responsables des erreurs et imperfections de ce texte.

Merci, enfin et surtout, aux petits patients de l'hôpital de Kaboul et aux parents qui les accompagnaient de m'avoir permis d'entrer dans l'intimité de leur chambre d'hôpital pour tenter d'échanger quelques mots, parfois sans interprète. J'ai toujours eu l'impression que nous arrivions, malgré tout, à bien nous comprendre.

Chronologie

2001

Fin décembre : Voyage d'Éric Cheysson en Afghanistan.

Novembre : Création d'un programme en vue de la construction d'un hôpital pédiatrique à Kaboul par Éric Cheysson, avec l'appui de La Chaîne de l'Espoir, de TF1, de l'actrice Muriel Robin, des journalistes Marine Jacquemin, Claire Chazal et du médecin afghan Nilab Mobarez.

9 septembre : Assassinat du commandant Ahmed Shah Massoud.

11 septembre : Attentat des Tours jumelles à New York par Al-Qaïda.

24 novembre : Déploiement des forces américaines et de l'OTAN en Afghanistan. Le régime des talibans s'effondre en quelques jours.

5 décembre : Accord de Bonn pour la création d'un gouvernement intermédiaire dirigé par le leader pachtoune Hamid Karzaï. La Force internationale d'assistance et de sécurité (FIAS) est établie.

2002

Mai : Mise à disposition par le gouvernement afghan d'un terrain pour la construction de l'Hôpital français.

Juin : Première rencontre entre Éric Cheysson et Kate Rowlands, infirmière humanitaire anglaise, qui ouvrira plus tard la Maison des Enfants et jouera un rôle clé dans l'histoire de l'Hôpital français.

13 juin : Hamid Karzaï est élu par les délégués de la Loya Jirga à la tête du gouvernement de transition.

18 avril : L'ancien roi d'Afghanistan, Mohammad Zaher Shah, rentre à Kaboul après 29 ans d'exil à Rome.

22 janvier : La communauté internationale, lors de la conférence de Tokyo, s'engage à verser à l'Afghanistan une aide de 4,5 milliards de dollars sur cinq ans.

25 janvier : Première Loya Jirga, une assemblée de notables qui désigneront en juin le gouvernement de transition.

2003

Novembre : Accord de mécénat avec Martin Bouygues pour la construction de l'hôpital.

Septembre : Premier béton des fondations de l'hôpital.

Mai : Début du terrassement du site du futur hôpital.

24 mai : Pose de la première pierre de l'hôpital par Bernadette Chirac.

Avril : Arrivée à Kaboul du chef de chantier de Bouygues, Jacques Marcandella.

11 août : L'OTAN prend le commandement de la FIAS.

24 octobre : Début du programme de désarmement, qui vise à démobiliser 100 000 miliciens afghans.

- **Février :**
Fin de la construction du premier étage de l'hôpital.

- **Mai :**
Attentat dans le voisinage de la maison de Kaboul où logent les employés de Bouygues.

- **6 décembre :**
Opération d'Afzal.

- **10 décembre :**
Opération de Yalda.

- **Septembre :**
Mise hors d'eau de l'hôpital.

- **Novembre :**
Ouverture de la Maison des Enfants.

- **Octobre :**
Voyage dans le Panshir. Rencontre avec Yalda et Afzal.

- **Septembre :**
Arrivée d'Alexander Leis à Kaboul. Il sera le directeur médical de l'Hôpital français.

- **3 avril :**
Première opération à cœur ouvert couronnée de succès en Afghanistan, sur une jeune patiente, Elaha, 13 ans.

- **8 avril :**
Inauguration officielle de l'hôpital en présence de Mme Chirac, du président Hamid Karzaï et de son altesse l'aga Khan, dont la Fondation pour le développement signe un accord avec La Chaîne de l'Espoir. Elle assure la gestion administrative de l'hôpital tandis que La Chaîne en assume la direction médicale.

2004 — 2005 — 2006

- **18 septembre :**
Premières élections législatives depuis plus de 30 ans.

- **23 décembre :**
Hamid Karzaï nomme un gouvernement dont la plupart des chefs de guerre sont exclus au profit de ses proches appartenant à la tendance réformiste.

- **9 octobre :**
Hamid Karzaï remporte l'élection présidentielle avec 55,4 % des suffrages.

- **2 juin :**
Assassinat d'Hélène de Beir, 29 ans, représentante de Médecins Sans Frontières, dans la région de Qadis, au nord-ouest du pays. Ce drame conduit MSF à se retirer d'Afghanistan.

- **4 janvier :**
Adoption par une Loya Jirga d'une nouvelle Constitution instaurant un régime présidentiel fort.

- **Février :**
Manifestations anti-occidentales contre la publication de caricatures de Mahomet. Recrudescence des opérations armées et des attaques suicide des talibans, notamment dans le sud du pays.

- **Octobre :**
La mission de l'OTAN s'étend désormais à l'ensemble du territoire. 12 000 soldats américains passent sous son commandement, ce qui porte les effectifs à environ 30 000 hommes, originaires de 37 pays.

- **Janvier :**
Première opération des organes effectuée par un chirurgien afghan, Jalil Wardak, sans assistance de médecins français.

Décembre : •
L'hôpital fête sa dix-millième consultation pédiatrique.

Octobre : •
L'Hôpital français est le premier établissement en Afghanistan à recevoir la certification ISO 9001

Juin : •
Mise en place, à l'Hôpital français, de la première IRM en Afghanistan.

Juin : •
Transfert en urgence et opération d'Hozaï.

2007 — 2008 — 2009

7 novembre : •
Dans la province de Baghlan, un attentat-suicide fait 80 morts dans une raffinerie de sucre. On compte 59 enfants parmi les victimes.

20 août : •
Les élections présidentielle et provinciales sont marquées par une faible participation, des menaces des talibans et des fraudes jugées « considérables » par l'ONU.

Février : •
2 attentats-suicide font près de 140 victimes dans le sud du pays ; l'un à Kandahar, l'autre à Spin Boldak.

20 octobre : •
Karzaï accepte l'organisation d'un second tour face à son principal rival, Abdullah Abdullah, qui abandonnera le lendemain la course à laprésidence.

13 juin : •
Un commando taliban attaque la prison de Kandahar et libère près de 1 000 détenus, dont près de 400 talibans. Le président Karzaï menace d'envoyer des troupes au Pakistan si Islamabad n'agit contre les militants islamistes sur son territoire.

22 octobre : •
Karzaï est déclaré élu par les autorités électorales du pays.

Juillet : •
Une attaque de l'ambassade indienne à Kaboul fait plus de 50 victimes.

5 novembre : •
À la suite d'un attentat contre une de ses maisons d'hôtes à Kaboul, qui a fait au moins 8 morts, l'ONU évacue une partie de ses employés.

18 août : •
10 soldats français sont tués dans une embuscade à Uzbin, à 50 kilomètres au nord-est de Kaboul.

22 août : •
Plus de 90 civils, dont une cinquantaine d'enfants, sont victimes d'un bombardement américain dans la province d'Herāt.

1er décembre :
Barack Obama annonce le déploiement accéléré de renforts qui porteront à 100 000 hommes le contingent américain dans le pays.

9 septembre : •
George Bush annonce l'envoi de renforts en Afghanistan. 4 500 hommes doivent s'ajouter aux 24 000 présents sur place, sur un total de 45 000 soldats de l'OTAN.

2010

- **Février :**
Premier congrès médical international organisé en Afghanistan par l'Hôpital français, et présidé par Alexander Leis.

- **29 Janvier :**
Kate Rowlands est blessée dans un attentat en plein centre de Kaboul.

- **Février :**
Première opération à cœur ouvert réalisée par Nadjeebullah Bina sans assistance d'une mission de chirurgie cardiaque française.

- **27 octobre :**
Mariage d'Hosaï avec Aghashrine.

- **21 décembre :**
Signature entre l'Agence française du développement (AFD) et La Chaîne de l'Espoir pour le financement de l'extension de la deuxième aile de l'hôpital, consacrée aux mères afghanes.

- **5 août :**
Assassinat de l'ophtalmologiste américain Tom Little et de 9 autres membres de l'équipe du Noor Hospital.

- **18 septembre :**
Des élections législatives sont marquées par l'insécurité et la fraude.

- **Novembre :**
L'OTAN décide d'une stratégie de sortie de ses troupes avant 2014.

2011

- **22 mars :**
Le processus du transfert de la sécurité aux forces afghanes est lancé par le président Karzaï.

- **22 juin :**
Le président Barack Obama annonce un retrait graduel des troupes américaines d'ici à l'été 2013.

- **29 juin :**
Libération des journalistes français Hervé Ghesquière et Stéphane Taponier.

- **13 juillet :**
Mort de 5 soldats français dans la province de Kapisa.

2012

- **Janvier :**
Les talibans annoncent l'ouverture d'un bureau au Qatar en vue de mener des négociations de paix.

- **13 septembre :**
Attaque par les talibans du quartier général des forces de l'OTAN dans le quartier le plus protégé de Kaboul, 11 personnes sont tuées.

- **Septembre :**
L'ancien président Burhanuddin Rabbani, chargé de négocier la paix avec les talibans, est tué dans un attentat-suicide à Kaboul. Le départ d'un premier contingent de 200 soldats français amorce un processus de retrait qui devrait s'achever en 2013.

- **2 janvier :**
Le Parlement rejette les deux tiers des ministres du nouveau gouvernement.

- **28 janvier :**
Conférence à Londres sur l'avenir de l'Afghanistan. Un dialogue avec d'éventuels « talibans modérés » est évoqué.

- **29 décembre :**
2 journalistes de la chaine de télévision France 3, Hervé Ghesquière et Stéphane Taponier, sont pris en otage au nord de Kaboul.

Table

Prologue... 11

La Vallée des insolents 35
L'enfant bleu 51
Le tourbillon de la vie 67
Ruines 81
Alexander et son « Pigeon volant » 103
Le Pachtoune et le Toulousain 123
« *Never give up* » 137
Le sifflet de Mozamel 153
La bataille 175
Fatalisme et volonté 189
Un couteau de cuisine 209
L'idée d'un avenir 225
La main sur le cœur 239

Épilogue................................... 251
Remerciements 265
Chronologie................................ 279

Cet ouvrage a été imprimé
en mars 2012 par

FIRMIN-DIDOT

27650 Mesnil-sur-l'Estrée
N° d'édition : 52490/02
N° d'impression : 110778
Dépôt légal : avril 2012

Imprimé en France

*Cet ouvrage a été composé et mis en pages
par ÉTIANNE COMPOSITION
à Montrouge.*